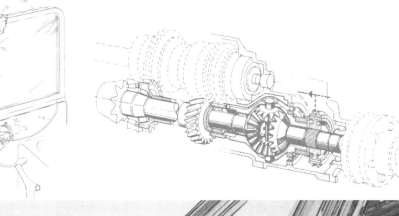

汽车发明的故事
qiche faming de gushi

陈新亚 主编

化学工业出版社
·北京·

内容简介

本书以介绍与汽车相关的发明故事为主,包括各种汽车、总成部件、主要配置的发明和技术创造,以及相关的创新设计故事,等等,让读者在欣赏故事的快乐中,了解和学习更多的科学和汽车知识,从而激发读者探索科学技术的热情,培养创新发明的兴趣,提升学习科技知识的动力。

本书内容涉及燃油汽车、电动汽车、混合动力汽车、摩托车和蒸汽车辆等,涵盖机械与力、热与燃烧、电与磁、电子与控制、设计与制造等相关科普知识。文字简洁通俗,图片丰富多彩,趣味性强,适合青少年和汽车爱好者使用收藏。

图书在版编目(CIP)数据

汽车发明的故事/陈新亚主编.—北京:化学工业出版社,2022.1
ISBN 978-7-122-40288-2

Ⅰ.①汽⋯ Ⅱ.①陈⋯ Ⅲ.①汽车工业-工业史-世界 Ⅳ.①F416.471

中国版本图书馆CIP数据核字(2021)第235646号

责任编辑:周 红　　　　　　　　　文字编辑:郑云海　温潇潇
责任校对:李雨晴　　　　　　　　　装帧设计:张宇驰

出版发行:化学工业出版社(北京市东城区青年湖南街13号 邮政编码100011)
印　　刷:三河市航远印刷有限公司
装　　订:三河市宇新装订厂
787mm×1092mm　1/16　印张 $17\frac{1}{4}$ 字数241千字　2022年3月北京第1版第1次印刷

购书咨询:010-64518888　　　　　　　售后服务:010-64518899
网　　址:http://www.cip.com.cn
凡购买本书,如有缺损质量问题,本社销售中心负责调换。

定　　价:79.80元　　　　　　　　　　　　　　　　　版权所有　违者必究

前言 preface

今天跑在马路上的汽车,是由最初的三轮马车式汽车,一步步进化演变而来的。不仅汽车的造型是逐步演化来的,汽车上的每项技术和配置,也都是经过发明创造和逐步改进而来的。比如汽车的前照灯,从无到有,从煤油灯到电石灯,到卤素电灯、氙气电灯,再到现在的LED灯和激光灯,都是随着科技发展一步步演变来的。

其实,汽车的发展就是一部科技史,它的诞生和主要技术演变,可以清晰地展现出从蒸汽时代到电气时代,再到现代科技时代的发展历程,以及迈向未来智能时代的趋势。汽车承载着丰富的物理知识,它几乎涵盖了物理课本中每个章节的内容,包括机械原理、力、热、光、电、磁等知识。在汽车上还能发现化学、美学、心理学等知识。

本书从汽车发明之前的动力探索讲起,依次述说蒸汽汽车、电动汽车和燃油汽车、混合动力汽车的发明故事,并重点介绍了数十项汽车重要技术的创造灵感和发明细节,如内燃机、电动机、变速器、车速表、制动器、雨刮器、空调器、起动器、安全带、安全气囊、涡轮增压、定速控制、电子燃油喷射、电子稳定程序等。

为了增强趣味性,让阅读更轻松,在介绍科普知识的同时,还讲述了汽车和汽车技术发明者的精彩故事,可以让读者了解到当时的科技发展背景及发明创造的艰辛过程,从而给读者带来一些发明创造的启迪。

编者

catalogue 目录

第 1 篇
运输动力探索和发明

第 1 章	子和人力车的发明	002
第 2 章	物拉车搞运输的出现	004
第 3 章	汽动力四轮小车：南怀仁/1672	006
第 4 章	汽车辆的发明：库诺/1769	008
第 5 章	力的传说：瓦特/1776	012
第 6 章	动机的发明：法拉第/1821	016
第 7 章	燃机的发明：勒努瓦/1859	019
第 8 章	冲程循环发动机：奥托/1876	023
第 9 章	一台汽油发动机：戴姆勒/1883	027
第 10 章	交流电动机的发明：特斯拉/1888	032

第 2 篇
汽车诞生和起步时期

第 1 章	发明了电动汽车：特鲁夫/1881	040
第 2 章	两轮摩托车的发明：戴姆勒/1885	044
第 3 章	三轮汽车的发明：卡尔·本茨/1886	047
第 4 章	四轮汽车的发明：戴姆勒/1886	052
第 5 章	第一个汽车制动片：伯塔·本茨/1888	054
第 6 章	充气轮胎的发明：邓禄普/1888	058
第 7 章	油发动机的发明：迪塞尔/1896	062
第 8 章	接传动系统的发明：雷诺/1898	066

第 9 章　混合动力汽车的设计：保时捷/1901 ·················· 074

　　　第 10 章　代汽车设计的起点：迈巴赫/1900 ··················078

第 3 篇

汽车电气化发展时期

　　　第 1 章　火花塞的发明：博世/1902 ·················· 084

　　　第 2 章　车速表的发明：舒尔茨/1902 ·················· 089

　　　第 3 章　顶置气门的设计：别克/1903 ·················· 093

　　　第 4 章　汽车照明电灯的出现：美国/1908 ·················· 098

　　　第 5 章　福特T型车的设计：福特/1908 ·················· 102

　　　第 6 章　公路机器专利案的纠纷：塞尔登/1911 ·················· 106

　　　第 7 章　自动起动器的发明：凯特林/1912 ·················· 110

　　　第 8 章　装配流水线的发明：福特/1913 ·················· 116

　　　第 9 章　铝合金活塞的发明：宾利/1913 ·················· 119

　　　第 10 章　雨刮器的发明：奥森/1917 ·················· 122

第 4 篇

汽车多样化设计时期

　　　第 1 章　同步器式变速器的发明：汤普森/1918 ·················· 130

　　　第 2 章　每缸四气门的设计：布加迪/1919 ·················· 136

　　　第 3 章　铝合金车轮的制造：布加迪/1924 ·················· 139

　　　第 4 章　液压助力转向的发明：戴维斯/1926 ·················· 142

　　　第 5 章　流线型汽车的设计：克莱斯勒/1934 ·················· 148

　　　第 6 章　现代方程式赛车的设计：保时捷/1934 ·················· 151

　　　第 7 章　前轮驱动汽车的设计：雪铁龙/1934 ·················· 153

　　　第 8 章　被动安全之父：巴雷尼/1937 ·················· 157

　　　第 9 章　汽车空调器的发明：帕卡德/1939 ·················· 163

　　　第 10 章　谁是SUV的鼻祖：威利斯/1941 ·················· 169

第 5 篇

汽车高性能研发时期

第 1 章	自动变速器的发明：汤普森/1939	176
第 2 章	自动巡航控制的发明：蒂托/1945	186
第 3 章	麦弗逊式悬挂的设计：麦弗逊/1947	192
第 4 章	安全气囊的发明：赫特里克/1952	198
第 5 章	盘式制动器的发明：邓禄普/1953	201
第 6 章	自动调平悬挂的发明：马热/1954	208
第 7 章	前置前驱微型车的设计：亚历克/1959	211
第 8 章	三点式安全带的发明：博林/1959	216
第 9 章	转子发动机的发明：旺克尔/1960	220
第 10 章	转子发动机跑车的设计：马自达/1967	225

第 6 篇

汽车电子化发展时期

第 1 章	电子燃油喷射的发展：博世/1967	230
第 2 章	赛车尾翼的设计：查普曼/1968	234
第 3 章	赛车地面效应的设计：查普曼/1975	237
第 4 章	涡轮增压发动机的发明：萨博/1977	240
第 5 章	防抱死制动系统（ABS）的发明：博世/1978	247
第 6 章	高性能四驱轿车的设计：奥迪/1981	251
第 7 章	电子稳定程序（ESP）的发明：奔驰/1995	255
第 8 章	电子气门 Valvetronic 的发明：宝马/2001	260
第 9 章	超级发动机的设计：布加迪/2005	263
第 10 章	长续航电动汽车的量产：特斯拉/2012	267

第 1 篇
运输动力探索和发明

第 1 章
轮子和人力车的发明

为了运大象回山洞，原木变成了轮子。

历史课本中曾讲过，远古时代的人类都是住在山洞里，以捕猎抓鱼为生。他们手持石头和木棍去追赶猎物，将走投无路的动物围捕杀死，然后运回山洞，大伙儿一起吃烧烤。然而，如果某一天他们很走运，猎到大象、野牛等体重较大的动物时，要想搬回山洞就困难了。

这时就有聪明的先人想到了用原木运输重物的办法。他们将重物放在木排上，木排下面垫上可以滚动的原木，然后拉动木排就可以慢慢前进，并不断把木排后面滚出的原木再垫到木排前面。这样就可以将大象等体型大的动物运回山洞，如图1-1-1。

然而，这种用原木滚动的运货方式很不容易把握方向，而且当路中间有石头或凸起时原木就滚不动了。于是某位聪明的先人心生一计，将原木的中间部分砍细一些，把原木砍成哑铃的形状，这样不仅容易通过凸起的地面，而且原木和木排保持相对固定位置，原木不再乱滚，从而可以保证正确的前进方向。

后来，为了翻越更大的凸起或石头，先人们就寻找更粗的原木，将木排抬得更高。当不能找到更粗壮的原木时，就用木块做成大圆盘固定在原木的两端，把木排放在原木上。就这样，轮子出现了。现在普遍认为轮子最早于公元前4000年左右在现今伊拉克地区出现。

再后来，先人们将木排固定在轮子之间的原木上，这时的原木就变成了轮轴，而这个运输工具就变成了最早的人力车。

图 1-1-1　用原木将大象运回山洞

第 2 章
动物拉车搞运输的出现

5000多年前，马匹率先进入交通业。

在现代化的城市内，有时仍能看到贩卖水果的马车。在偏僻的农村，仍有人在用马车拉货运东西。在英国的重大节日里，仍能看到英国女王乘坐豪华马车出行巡游。其实，马匹在5000多年前就被套上了车。

大约公元前4000年，蒙古草原上的人开始驯养野马，骑着驯服的马奔跑。那时的马就是最快速的交通工具了。后来骑马的人依仗跑得快，就不断骑着马抢别人的东西，也就是侵略他人。这种侵略行为不仅将骑马这种交通方式传向远方，而且让更远地区的人认识到驯养野马的重要性。从此，被驯服的马匹开始出现在世界各地。

在远古时代，即使人们发明了轮子，但仍要使用人力来推拉车辆。当时人力是最宝贵的财富，没有足够的人力，就无法围猎动物。而那个时候的医疗条件极差，生存环境非常恶劣，人的寿命也很短。大约公元前3000年，先人们为了保护珍贵的人力资源，开始给驯服的马匹戴上拉车套，用马匹替代人拉车搞运输，这样马车就开始出现了。后来，人们又开始驯服牛、驴等动物拉车，如图1-2-1、图1-2-2。

第 1 篇 | 运输动力探索和发明

图 1-2-1　马车

图 1-2-2　人力车与动物拉车

第 3 章

蒸汽动力四轮小车：南怀仁/1672

一位传教士的发明，竟被世人忽略了。

在清朝初期，外国传教士要想在中国生存并不容易，他们的一切活动甚至性命都要看皇帝的脸色。来自比利时的南怀仁（Ferdinand Verbiest）是被选拔出来的精英传教士，受教育水平很高，上晓天文，下知地理，也是个机械天才，他曾帮助清朝制造大炮。他主张通过传播科技知识在中国立足和扩大影响。为了讨好皇帝，他竟然在1672年制造了一辆蒸汽动力驱动的四轮小车。这也是有文字记载的世界上最早的蒸汽动力车辆。

南怀仁在中国时曾撰写过一本《欧洲天文学》，记录他在中国传授欧洲科学技术的经历。此书后来由另一位传教士带回欧洲并于1687年在德国印刷出版。由于出版时间距离图书撰写时间相当近，因此它的可信度比较高。现在《欧洲天文学》中译本《南怀仁的欧洲天文学》已在中国出版。

南怀仁在书中记载："我用轻质木材制造了一辆2英尺❶（约合61厘米）的小四轮车。在车的中间安装了一个小锅炉，里面填满了烧红的煤块，以此做成一个蒸汽发动机，凭借这个机器，我很容易地就驱动了这辆四轮小车。"

---

❶ 1英尺=0.3048米长。

他还具体介绍了这辆蒸汽小车的结构。利用烧热的小锅炉中冒出的高压水蒸气，吹动一个圆盘边上的四个翼片，使圆盘快速转动。再通过一根立轴、一套齿轮机构，就可以将圆盘转动的动力传递到车轮，使小车前进。"小车可以持续行走一个多小时而不减速。"

为了防止小车跑得太远，他还在车尾连接了一个舵轮，并将那舵轮偏转一定角度后用螺钉固定住，"这辆由蒸汽发动机驱动的小车就可以周而复始地做圆周运动了。圆周运动的直径可以按照院子或大厅的大小，通过改变舵柄的偏转角度而进行调节。"如图1-3-1所示。

从小车的尺寸看这就是一个玩具车或模型车，只能用来演示，没有任何实用价值。真正的蒸汽动力车辆要再等九十七年才会在欧洲出现。由于《欧洲天文学》以拉丁文写成，发行量极少，所以很少人知道南怀仁才是蒸汽车辆的最早发明者。

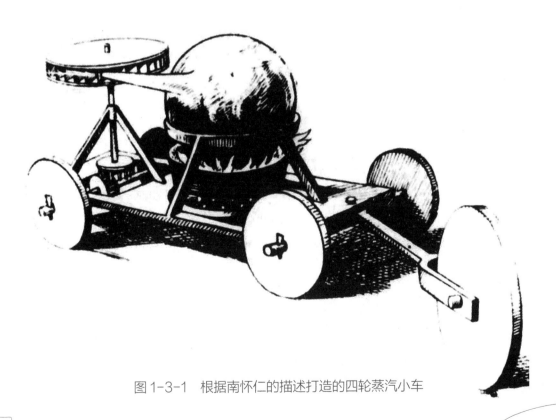

图1-3-1　根据南怀仁的描述打造的四轮蒸汽小车

第 4 章
蒸汽车辆的发明：库诺/1769

忘装制动的试验车，撞上了兵工厂的围墙。

2010年的一天，在巴黎艺术学院，一辆笨重的车辆冒着白烟、喘着粗气、一摇三晃地往前移动。驾车人穿着拿破仑时期的法国军服，笨拙地握着一根长长的操纵杆。车辆周围挤满了围观者，他们纷纷举起相机和手机。这是一辆蒸汽车辆的复制品，由巴黎艺术学院的学生，根据学院馆藏的世界第一辆蒸汽车辆仿制的，如图1-4-1。他们只是想测试下，看看240年前由尼古拉斯·约瑟夫·库诺（Nicolas Joseph Cughot）制造的那辆蒸汽汽车是否真能行走。

尼古拉斯·约瑟夫·库诺出生在法国洛林省，他受过军事工程师的训练。1765年，作为法国炮兵上尉的库诺，在行军作战中看到马拉重炮实在是太费劲。当时的道路条件极差，都是土路，一下雨碰到泥泞的路就没法移动了，用再多的马也没用。于是他想到能否用蒸汽机的动力拉大炮。库诺说干就干，从1765年开始动手，经过四年的努力，到1769年终于弄出个样车来，如图1-4-2。

这辆蒸汽样车是根据一辆双轮马车改造的，在原来套马的地方安装了一个前轮，这就变成了三轮车。前轮前装上一个锅炉，锅炉与前轮之间有两个汽缸，它的总排气量高达50升。锅炉冒出的水蒸气通过管道充入这两个汽缸中，推动汽缸中的活塞上下移动。活塞通过连杆与车轮相连，就

图 1-4-1　第一辆蒸汽汽车的仿制品

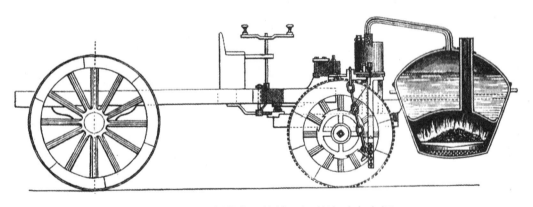

图 1-4-2　库诺发明的第一辆蒸汽动力车辆

可以带动车轮旋转。这个前轮既是转向轮，又是驱动轮，和现在的大部分轿车是一样的，都是前置发动机、前轮驱动。

这辆蒸汽车辆最快只能以4千米每小时的速度行驶，还没有人的步行速度快呢。而且每隔15分钟就要停下来为锅炉加热，差不多再等15分钟才能继续行驶。

第二年，即1770年，库诺又打造了一个更大的蒸汽动力车。这辆车重约2.5吨，最高车速已提高到9.5千米每小时，而且还能够携带4吨重的货物。由于重量分配不均，头重脚轻，车辆行驶时非常不稳定，这对打算穿越崎岖地形和爬陡坡的拉炮车来说，确实是一个严重的缺陷。此外，锅炉的性能也特别差，每隔15分钟就要停下来，这就大大降低了它的速度和行驶距离。在进行了几次试验后，确认用这种走走停停的蒸汽车拉炮还不如马拉呢，于是这个研发项目就被放弃了。

有报道称，库诺的第二辆原型车在1771年发生了一起小事故。由于这辆车的速度太慢了，就没有给它安装制动，结果在试车时不小心撞上了巴黎兵工厂的一堵砖墙，如图1-4-3。这可能是已知的第一起汽车事故。

1772年，为了奖励库诺的发明创造，法国国王路易十五允诺，每年给库诺发放600利弗（法国当时的货币）养老金。法国大革命后，库诺的养老金在1789年被取消，他流亡到布鲁塞尔，生活也陷入贫困。拿破仑·波拿巴听说了此事，觉得库诺是对国家有贡献的人，就下令恢复了库诺的养老金。库诺最终得以回到巴黎，并于1804年10月2日去世。

图1-4-3　试验汽车撞上了兵工厂的围墙

蒸汽车辆后来得到了迅速发展，它们的基本结构就是拉着一个锅炉在街上跑。驾车这种车需要两位操作人员。坐在前部的那位是司机，负责操纵方向、制动；车尾还有一位"司炉"，他负责往火炉里添煤加柴，保证锅炉一直把水烧开，如图1-1-4。

图1-4-4　蒸汽汽车车尾的"司炉"

第 5 章

马力的传说：瓦特/1776

煤老板问：你这机器能顶几匹马干活？

1705年，英国人托马斯·纽科门率先发明了实用的蒸汽机。他把蒸汽机卖给煤矿老板，用来替代马匹拉抽水机，如图1-5-1。当时矿井中不断有水涌出来，必须把水抽出来才能挖矿。但纽科门蒸汽机的热效率太低，

图1-5-1　马匹拉抽水机

动力很弱，需要消耗大量的煤，总体算下来并不比马匹省多少钱。

到1776年，苏格兰工程师詹姆斯·瓦特（James Watt），如图1-5-2，对纽科门蒸汽机进行了大幅改进，增加了一个单独的冷凝器，一下子将蒸汽机的热效率提高了很多，如图1-5-3。他信心满满地跑到各大煤矿去推销。瓦特向煤老板们鼓吹他的蒸汽机如何高效和省钱，比纽科门蒸汽机强多了，属于升级换代产品。煤老板们听后往往会

图1-5-2　詹姆斯·瓦特

问：你说了半天技术我也不懂，我就想知道你这机器能顶几匹马干活？瓦特的脑瓜很灵活，他粗略地计算出蒸汽机的动力，然后就声称他的每台蒸汽机可以顶10匹马干活，并标明功率为"10马力"（10 horsepower）。

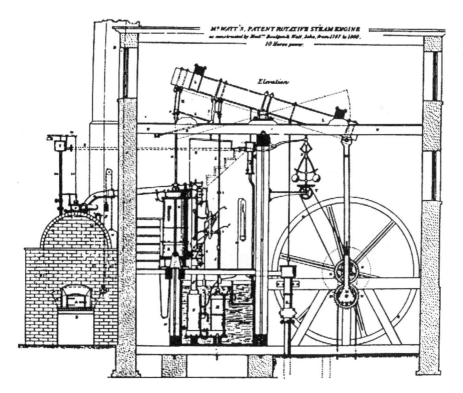

图1-5-3　瓦特蒸汽机结构图

煤老板们根据蒸汽机的价格、性能和当时养马的成本，一扒拉算盘就明白，购买瓦特的蒸汽机还是很划算的。就这样，瓦特的蒸汽机开始大卖。后来随着蒸汽机的流行，瓦特的竞争对手们也开始采用"马力"概念推广蒸汽机，渐渐地"马力"一词就成了衡量蒸汽机能力大小的标准。到后来内燃机出现后，人们仍习惯用"马力"作为功率的单位。

后来才知道，瓦特在计算蒸汽机的功率时犯了个错误。他是根据当时在煤矿里拉手推车的矮种马（又称坑马）的能力推算的。当时有一个公认的算法，一匹矮种马可以在1分钟内把一辆装满220磅的煤车拉到100英尺高的矿井上，它的功率就是22000磅·英尺/分。然而，瓦特错误地认为，在矿井上面拉抽水机的普通马，由于它的身材更高大，因此它应比矮种马至少多强壮一半，它的功率应为33000磅·英尺/分，并把这个功率标定为"1马力"，如图1-5-4。事实上，一匹普通马的能力只比矮种马强那么一点点，达不到多强壮一半的程度。但瓦特的马力标准已被广泛采用，也不好再调整，后人只好将错就错，把"1马力=33000磅·英尺/分钟"作为通行标准了，一直到今天都是如此。

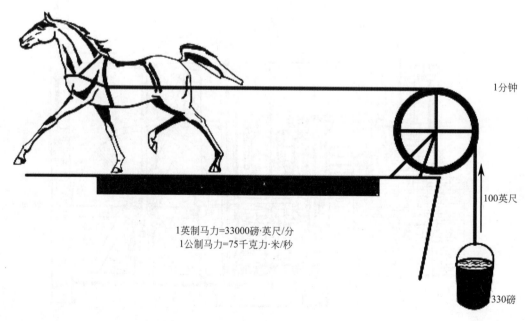

1英制马力=33000磅·英尺/分
1公制马力=75千克力·米/秒

图1-5-4　马力概念示意图

磅、英尺都是英制单位，根据1磅=0.4536千克，1英尺=0.3048米，1分钟=60秒，可以将"1马力=33000磅·英尺/分"进行换算，即得出：1英制马力=76.0415千克力·米/秒。

后来为了便于认识马力的概念，也为了便于记忆和计算，人们又定义出更简明的公制马力：1公制马力=75千克力·米/秒。

推出公制马力本来是想简化马力定义，结果反而增加了一种马力定义，这下子就更乱了。一般来说，英国和美国喜欢用英制单位，而其他国家和地区喜欢用公制单位。

为了解决马力定义带来的混乱，避免误会，后来又约定：在正式和专业场合，统一使用"瓦特（W）"或"千瓦（kW）"作为功率的国际标准单位，并定义1瓦=1牛·米/秒，1千瓦=1000牛·米/秒。

根据1千克力=9.8牛，1公制马力=75千克力·米/秒，1英制马力=76.0415千克力·米/秒，即可换算出：1千瓦=1.36公制马力，1公制马力=0.735千瓦，1千瓦=1.34英制马力，1英制马力=0.745千瓦。

第 6 章
电动机的发明：法拉第/1821

巧用电与磁的神秘关系，居然产生动力。

你知道吗，不论你开的是燃油汽车、混合动力汽车，还是纯电动汽车，车上都少不了电动机和发电机。发动机起动器、电动助力转向、电动车窗、电动天窗、电动座椅、电动后视镜、空调吹风等，都是由电动机驱动的；而发动机点火系统、音响、空调、照明、车载电脑等所需要的电能，都是来自发电机。巧的是，电动机和发电机，都是由英国人迈克尔·法拉第（Michael Faraday）发明的，如图1-6-1。

法拉第于1791年出生在伦敦南部萨里郡的一个贫困家庭。他父亲虽然是一名铁匠，但经常生病，工作不太稳定。他的母亲在家照顾法拉第和他的三个兄弟姐妹。他们家经常没有食物可吃。尽管如此，法拉第从小就是个好奇的孩子，对一切都有疑问，总是迫切地想知道更多知识。为了生计，法拉第在13岁时就到伦敦一家图书装订店打杂。在那里，他如饥似渴地阅读他装订的每一本书，并梦想着有一天他也会写自己的书。通过阅读《大英百科全书》上的一篇文章，他对能量、力和电的相关知识开

图1-6-1　迈克尔·法拉第

始感兴趣，并从阅读中学到了物理、化学、天文等知识。

法拉第的好学精神终于感动了装订店的一位主顾，在他的帮助下，法拉第有机会去聆听著名化学家汉弗莱·戴维在英国皇家学会的讲座。法拉第非常珍惜这样难得的机会，他把戴维的演讲内容记录下来，整理好后送给戴维，并且附上一封热情洋溢的信，希望跟随戴维当学徒，立志献身科学事业。就这样，20岁的法拉第当上了戴维的实验助手，开始了他的科学研究生涯。

1821年，法拉第了解到丹麦科学家奥斯特的一项重大科学发现：如果导线中有电流通过，它附近罗盘的磁针就会发生偏移。这个现象非常神奇，物体间没有接触却能使之运动。当时人们还不知道电流竟能产生感应磁场。

就在人们还沉醉在这种神奇现象之时，法拉第的思路却往前奔去。他就想，既然电流能让磁针偏移，那么如果把磁针固定，导线是否就可以运动呢？经过反复试验，他终于设计了一种简单的装置证明了他的设想，他把导线接上电池，再将导线放入一个装有磁铁的水银容器中，导线马上就神奇地绕着磁铁旋转起来，如图1-6-2。这个实验装置是世界上第一台利用电流使物体运动的装置，是现今所有电动机的鼻祖，因此可以说，是法拉第发明了电动机。

法拉第用实验证明了电对磁的影响后，并没有继续深入研究。10年后，也就是1831年，法拉第重返电磁方面的研究。法拉第认为，既然电能产生磁，那么磁也应能产生电。他一开始试图从静止的磁力对导线的作用中产生电流，结果怎么做也不行。后来他偶然发现，当一个线圈中的电流刚接通或断开时，附近另一个线圈就能感应出微小的电流。他眼前一亮，大胆设想，如果两个线圈发生相对运动，也就是让磁场

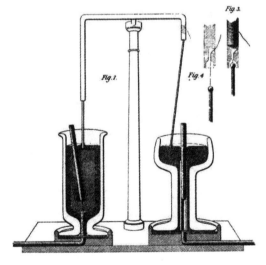

图1-6-2　左侧磁铁绕着导线转，右侧导线绕着磁铁转

发生变化,是否就能感应出电流?

1831年10月28日,法拉第通过滑动触点将两根电线连接到一个铜盘上,形成一个闭合的导体,并让铜盘在一个马蹄形磁铁的两极之间转动,结果就获得了连续的直流电。如图1-6-3,这个实验装置相当于一台圆盘发电机。虽然结构简单,但它却是人类创造出的第一台发电机。

法拉第通过这个实验揭示了磁感应电的规律,即电磁感应定律:闭合电路的一部分导体在磁场里做切割磁力线的运动时,导体中就会产生电流,所产生的电流称为感应电流。电磁感应定律也称法拉第电磁感应定律。现今的发电机,都是根据电磁感应定律设计的。

1867年8月25日,迈克尔·法拉第去世,享年76岁。为了纪念法拉第的科学成就,他的照片曾在1991年至2001年被印在20英镑的纸币上。

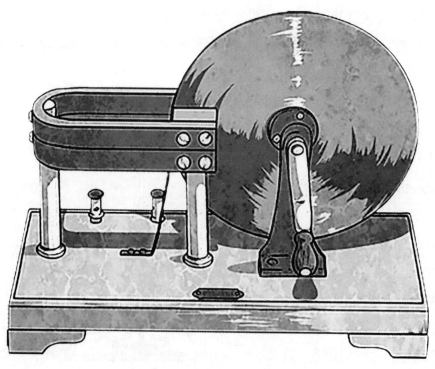

图1-6-3　法拉第发明的圆盘发电机

第 1 篇 | 运输动力探索和发明

第 7 章
内燃机的发明：勒努瓦/1859

他最先制造出内燃机汽车，后来竟然放弃了。

1860年1月23日，法国巴黎的一条大街上，一场盛大的揭幕仪式正在举行。说是盛大，其实只有20位嘉宾参加，但他们都是巴黎工商界名流和科学家。这次活动的主角是来自比利时的艾蒂安·勒努瓦（Étienne Lenoir），见图1-7-1。这一天，他要向人们展示一台他最新研制的神奇机器，一台没有锅炉、不用烧水的内燃发动机。

勒努瓦一上来就给观众们科普发动机知识。当时人们只知道蒸汽发动机，而蒸汽发动机是一种外燃机，拥有一个巨大的锅炉，通过烧水产生蒸汽，把蒸汽的力量收集起来就是动力。而勒努瓦的内燃发动机不需要锅炉，也不需要产生蒸汽，而是将煤气点燃，利用煤气燃烧时产生的膨胀力直接推动活塞运动，从而产生动力。从外形看，内燃机要比蒸汽机小很多，冒的烟也少。勒努瓦研制的内燃机如图1-7-2。

勒努瓦看来的人也不少了，时候也不早了，就走到新机器前，打开进气阀门，

图1-7-1 艾蒂安·勒努瓦

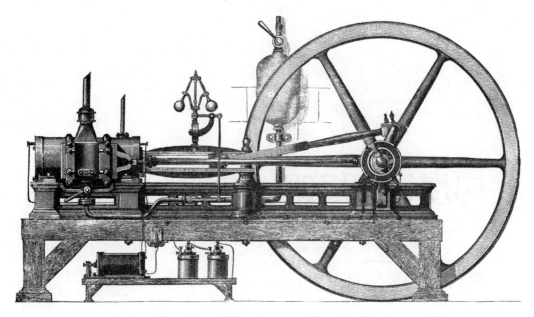

图1-7-2 勒努瓦研制的内燃发动机。

猛然推动一个巨大的飞轮,机器就开始启动旋转并发出有节奏的声音。虽然看起来运转不是很平稳,感觉总要熄火似的,但现场还是传出一片惊呼声。

勒努瓦很是得意,趁势继续演讲,表示他还要对这台内燃机进行不断改进,将增加一个化油器,使其运转更平稳,将来不仅可以烧煤气,还能使用轻质油、焦油或任何石油燃料。

艾蒂安·勒努瓦于1822年出生在卢森堡的一个小村庄。1839年他的村庄被划入比利时。在很小的时候他就表现出对科学的兴趣。当他意识到在小村庄里不可能有什么出息后,就在16岁那年到巴黎打工去了。在巴黎,他白天做服务员,晚上在自己的房间里做些实验。他对一切都充满好奇,常为当地的工匠们解决一些技术难题,并在25岁时申请了第一个专利。后来,他对机械非常感兴趣。为了掌握更多的机械技术,他到巴黎工艺美术学院进修,学习各种机器的操作,包括蒸汽机等。这期间,他看着那些庞大的蒸汽机,觉得它们又重又笨,就想着是否有什么办法改进它们,让蒸汽机更紧凑些,或用什么新机器替换这些庞然大物。

经过反复研究,他认为如果将燃烧的气体直接作用于活塞,或许是个好办法。经过几次尝试,他选择了当时巴黎常见的煤气作为燃料。煤气当时被广泛用于巴黎的路灯。勒努瓦将6%的煤气与94%的空气混合后吸入汽缸，然后由电火花点燃，燃烧的气体迅速膨胀，膨胀力推动活塞运动，就能输出动力了。

1859年，勒努瓦的煤气内燃机研制成功，并在法国申请了"气体燃烧的空气发动机"发明专利。虽然这台内燃机的热效率只有4%，还没有当时蒸汽发动机的效率高，但却是世界上第一台实用的内燃机。1860年，勒努瓦的发明专利获得批准，就此宣布内燃机诞生。巴黎《宇宙报》在当年还因勒努瓦的发明而宣布蒸汽时代已经结束。

勒努瓦的内燃机是使用煤气的二冲程发动机，其原理与现在摩托车或除草机上的二冲程发动机差不多。他采用兰可夫线圈作为点火系统，这应该是最早的电磁点火系统了。可燃混合气在点燃之前并没有被压缩，因此发动机的效率非常低，但运转起来却很安静。

勒努瓦的内燃机主要作为固定动力源，为印刷机、煤矿抽水机和机床等提供动力。其实勒努瓦也尝试过研制以内燃机为动力的机动车，他在1862年就制造了第一辆机动三轮车，如图1-7-3。这辆车的最高车速仅为3千米/时，还没有行人走得快，然而这却是第一辆由内燃机驱动的汽车。1863年，勒努瓦又展示了他改进后的第二辆机动三轮车。内燃机仍

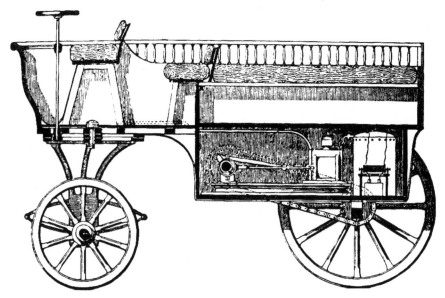

图1-7-3　勒努瓦研制的内燃发动机机动车。

采用单汽缸设计，排量2543毫升，动力仍然很弱，仅有1.5马力，最高车速不到4千米/时。这样的汽车根本无法投入商业应用。勒努瓦彻底气馁了，决定放弃汽车的研制，转而研制摩托汽艇，把内燃机放在小船上试试，最后同样因内燃机效率太低而作罢。

1865年，勒努瓦转行到电气设计，他发明了一种新型的自动电报收发装置。这个电报装置在普法战争期间对法军很有帮助，他因此在1870年获准加入法国国籍，并于1881年被授予法国军团荣誉勋章。

1900年7月16日，勒努瓦收到了法国汽车俱乐部颁发的一个奖项，以表彰他作为"燃气内燃机的发明者和世界第一辆汽车制造者"的伟大功绩。18天后勒努瓦去世，享年78岁。

第 8 章
四冲程循环发动机：奥托/1876

增加一个压缩冲程后，内燃机开始战胜外燃机。

最早的发动机是蒸汽发动机。蒸汽发动机是外燃发动机，因为它们的燃料是在汽缸外面燃烧，产生蒸汽后推动汽缸内的活塞运动。外燃发动机又大又笨，工作效率非常低，热效率只有6%～8%。勒努瓦虽然发明了内燃机，但热效率还没有蒸汽发动机高，自然无法得到普及。最后让内燃机得到普及应用的，是德国人尼古拉斯·奥古斯特·奥托（Nicolaus August Otto）如图1-8-1。

奥托于1832年6月14日出生在德国的霍尔昭森。他在上学时就对科学和技术感兴趣。1848年从学校出来后，他在一家小型商品公司做了三年的学徒。完成学徒生涯后他搬到了大城市法兰克福，在那里成为一名杂货推销员。奥托先后为两家公司工作，主要推销咖啡、茶、大米和糖等副食品杂货。

1860年秋，28岁的奥托和他的一个哥哥，从报纸上看到勒努瓦研制成功燃气内燃机的新闻报道。兄弟俩

图1-8-1　尼古拉斯·奥古斯特·奥托

很是激动，觉得这是个很不错的商机。他们设法收集资料和信息，竟然动手仿制了一台勒努瓦内燃机，并在1861年1月向普鲁士商务部提出专利申请。这明显是抄袭的专利申请，所以并没有被批准。

奥托兄弟俩一边仿制勒努瓦内燃机，一边对其进行技术改进，设法提高热效率。他想，如果将可燃混合气压缩后再点燃，那么它产生的膨胀力就会更强。1861年，奥托开始试验一种带有压缩冲程的发动机。这种发动机有进气、压缩、燃烧做功、排气四个冲程，也就是四冲程循环发动机，如图1-8-2所示。奥托循环原理示意图如图1-8-3所示。

在试验中，由于压缩时的压力不好控制，往往导致燃烧过于猛烈，以至于发动机无法正常工作。试验发动机只转了几分钟就熄火了。面对连续不断的失败，奥托的哥哥彻底失望了，一走了之。奥托只好找来机械师迈克尔·佐斯帮忙，继续改进发动机。

没多久，研发资金又出现问题，奥托只好回到原来的杂货公司干起了老本行，以便赚够钱后继续他的研究。但这也耽误了他的研究。奥托努力地寻求投资者，终于找到了一个叫尤金·兰根的富人。1864年3月，他们一人出钱，一人出技术，在科隆合伙建立了一家公司，主要从事勒努瓦内燃机的生产和新型内燃机的研制。

1864年，奥托的四冲程燃气内燃机研制成功并开始投产，而且还申请

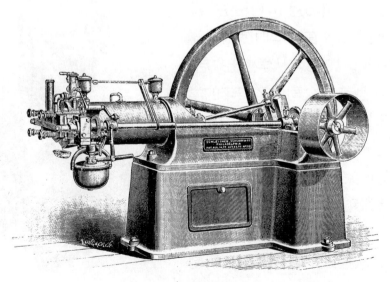

图1-8-2　奥托发明的四冲程循环发动机

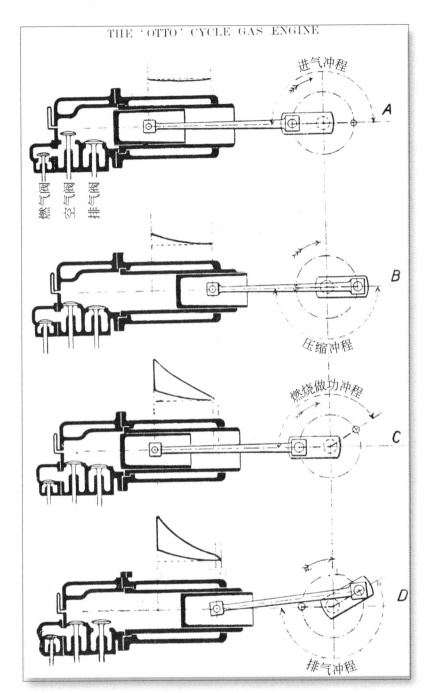

图 1-8-3 奥托循环原理示意图

了多项发明专利。但当时奥托的燃气发动机的功率输出较小，技术上还不成熟，可靠性差，不仅无法挑战勒努瓦内燃机，甚至无法挑战蒸汽发动机。

此后，奥托不断改进他的四冲程发动机。奥托尝试用增大空燃比的方法来减轻燃烧做功的猛烈程度，就是增大空气进气量，使混合气的浓度低一些，却导致混合气不容易被点燃。后来他想了一个巧妙的办法，在吸气行程先吸入空气，然后再吸入混合气，这样就能增大进气量。另外他还加长了进气道，使混合气能够充分混合，这样既保证了可靠点火，又不会产生过高的燃烧膨胀压力。同时，他还改进了点火系统，并为发动机装上了大飞轮，使发动机的运转更加平稳。

1876年，奥托试制出一台卧式四冲程循环发动机，不仅热效率高，动力较强，而且运转平稳，可靠性高。奥托立即在美国等多个国家申请了四冲程循环发动机的发明专利，如图1-8-4所示。为了覆盖他的所有发明，防止他人偷窃四冲程循环技术，他总计申请注册了大大小小25个相关专利。

1891年，奥托离开了人世，终年59岁。现在，内燃机早已不用煤气作燃料，性能也是今非昔比，但它们仍然按照奥托的四冲程循环工作原理运转着。

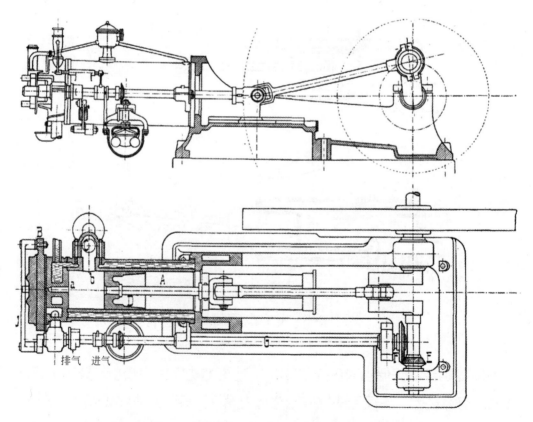

图1-8-4　奥托四冲程循环发动机专利图

第 9 章
第一台汽油发动机：戴姆勒/1883

多亏律师帮忙，他成功规避了奥托的四冲程发明专利。

1882年的夏天，在德国坎斯塔特小镇，戈特利布·戴姆勒（Gottlieb Daimler，图1-9-1）用离职补偿的钱买了一个花园别墅。他和老搭档威廉·迈巴赫一起，把别墅中的温室花房改造成实验室，见图1-9-2，没日没夜地研发小型汽油发动机。他们测试时发出的声音难免惊扰邻居，一些警惕性较高的邻居感觉那个花房非常可疑，深夜还灯火通明，机器声音不断，很像是制造假币的黑工厂，于是就报警了。警察从园丁那里拿到钥匙，趁戴姆勒他们不在时搜查了花房，但看到的是散乱一地的发动机部件。不久，在这个花房里诞生了世界第一台汽油发动机。

戈特利布·戴姆勒出生于1834年，父亲是一位面包师，他们家住在斯图加特附近的绍尔多夫镇。戴姆勒小学毕业后开始对机械工程产生兴趣。1848年完成中学学业后，戴姆勒跟着一位枪械师傅当学徒，四年后出师毕业。但18岁的戴姆勒决定放弃枪械制造，离开家乡，准备找一份与机械工程相关的工作。

图1-9-1 戈特利布·戴姆勒

图 1-9-2 戴姆勒研制汽油发动机的花园温室

为了找工作，戴姆勒先是进入斯图加特工业高级培训学校进修。一年后毕业，戴姆勒马上就在一家机械厂找到了工作。戴姆勒在机械厂的表现很好，22岁时被任命为领班。但戴姆勒还是觉得自己学识不够，于是又到斯图加特理工学院花了两年时间学习理论知识和专业技能。这可是一所正规大学，戴姆勒获得了机械工程学位。在这里他对蒸汽汽车有了深入了解，深信蒸汽机终要被其他机器替代，小型的、便宜的、简单的发动机会更加符合未来时代需求。

1861年，27岁的戈特利布·戴姆勒又辞职了。游学几年回到德国后，戴姆勒曾在好几家公司工作，其中在一家公司遇到了19岁的孤儿威廉·迈巴赫。这是一位机械设计天才，两人迅速成为好伙伴，此后迈巴赫一直追随戴姆勒。

1872年，奥托的内燃机公司重组为道依茨公司，管理层选择学历高、见识广的戴姆勒担任技术经理。戴姆勒在那时就是一位"海归"，而且又有机械工程学位，属于稀缺的高级专业人才。戴姆勒入职后很快就把迈巴赫也带进了道依茨公司，并任命他为总设计师。

戈特利布·戴姆勒上任后提高了产量，但几年后他觉得道依茨公司只生产固定式发动机，不仅外形大而笨重，而且产品线单一，市场极有限。于是，他就向老板奥托建议，生产更轻便的发动机，它的应用更广，也更有市场。然而，奥托认为现在的产品挺好的，不愿冒险搞创新。奥托和戴姆勒都不愿让步，两人之间的矛盾越来越大。1881年末，戈特利布·戴姆勒离开了道依茨公司，并得到价值11.2万马克的公司股票，作为参与四冲程循环发动机研究的补偿。

戴姆勒随后在坎斯塔特小镇成立了戴姆勒公司，并把迈巴赫也拉过来，一起研制小型发动机。戴姆勒他们遇到的第一个挑战是，如何避开奥托的四冲程循环发动机专利。奥托的四冲程循环发动机相关专利有25个之多，但重点专利有两个：一是四冲程循环工作方式；二是点火方式。

聪明的戴姆勒花钱雇了一位律师，这位律师惊奇地发现，早在1862年，也就是在奥托申请专利之前，一个与奥托专利一样的四冲程专利授予了法国人罗哈斯。其实罗哈斯这个人根本就没有制造出发动机。于是在律师的大力协助之下，官方宣布奥托的四冲程循环发明专利无效。这样一来，戴姆勒就不用支付与四冲程循环有关的专利费了，但还有个点火方式的专利需要解决。

奥托四冲程发动机上采用的是滑阀式点火、缓慢燃烧方式。戴姆勒觉得如果要制造高转速发动机，必须弃用这种笨拙而复杂的点火方式。迈巴赫研究了前人的点火技术和相关专利后决定，采用英国人沃森发明的热管点火方式，不仅可以实现爆炸点火和快速燃烧，而且燃烧效率更高，非常适合高转速发动机。

奥托四冲程发动机使用煤气作燃料，而戴姆勒他们也要创新，看是否有更好的燃料。戴姆勒和迈巴赫花了很长时间讨论，看哪种燃料更合适，当时可选择的燃料并不多，他们最后倾向于石油分馏物中的轻质油（也称粗汽油）。当时石油的主要分馏物是润滑油、煤油和轻质油，而轻质油在那时没什么大用处，大部分都扔掉了，只有小部分作为清洁剂和溶剂在一些药店出售。

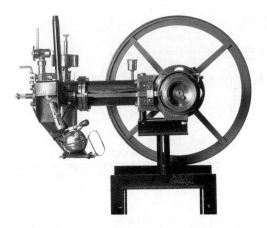

图 1-9-3　第一台戴姆勒汽油发动机

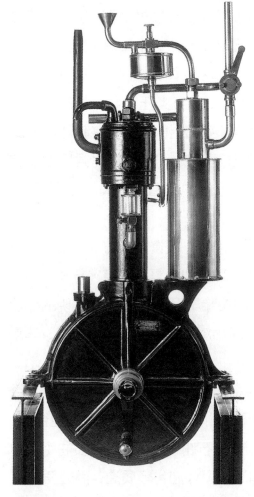

图 1-9-4　戴姆勒立式汽油发动机

1883年底，戴姆勒和迈巴赫用轻质油为燃料，成功研制出汽油发动机，如图1-9-3所示，并在1883年12月16日获得发明专利。从此发动机进入了汽油时代或石油时代。而奥托发明的煤气发动机开始走上衰落之路。

戴姆勒的第一台汽油发动机只有一个汽缸，排量100毫升，最大转速600转/分，远远超过其他内燃机通常120转/分的转速，堪称当时的高速发动机。它采用热管点火方式，直到1897年才改用博世设计的电点火系统。

1884年，戴姆勒又设计出一款立式发动机，如图1-9-4，这仍然是一台单缸发动机，重量仅60千克。排量264毫升，最高转速提高到700转/分钟，最大功率370瓦。这台发动机体积小、重量轻，也是世界第一台立式汽油发动机，在1885年4月3日获得了德国发明专利，如图1-9-5所示。

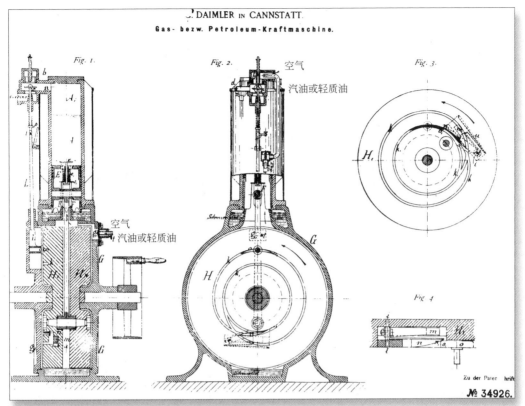

图 1-9-5 戴姆勒立式汽油发动机专利图

第 10 章
交流电动机的发明：特斯拉/1888

没有他的发明，今天的电动汽车都无法奔跑。

1943年1月9日，纽约市长在电台中发布讣告说："昨晚，一位87岁的老人去世了。他去世时一贫如洗，但他却是对这个世界贡献最多的人。如果把他的发明从我们的生活中抽走，工厂车间将停止运转，电车将停止行驶，我们的城市将陷入黑暗。尼古拉·特斯拉（Nikola Tesla）并没有死，他的生命已经融入了我们的时代。"

这位市长说的没错，即使在今天，尼古拉·特斯拉发明的交流电系统仍在影响着我们的日常生活。如果去掉他发明的交流发电机和交流电传输系统，现代社会将瞬间瘫痪；如果没有他发明的交流电动机，电动汽车都将无法奔跑。

尼古拉·特斯拉（图1-10-1）于1856年出生在克罗地亚农村。1881年，他在匈牙利布达佩斯电报局工作时，利用业余时间研究直流电动机的电刷冒火花的问题。1882年，特斯拉去了法国巴黎，在爱迪生旗下的法国公司做一名工程师，负责设计和改进电器。据他后来

图1-10-1 尼古拉·特斯拉

回忆，1882年的一天，在与朋友郊外散步时，特斯拉灵机一动，头脑中构思出一种全新的交流电机模型：它完全不用电刷和整流子，而是使用交流电，无需整流，这样就不会产生火花。特斯拉当时既无财力又无名望，无法把交流电机造出来。

1884年，特斯拉移居到美国，投奔到爱迪生电气公司。特斯拉向爱迪生呈现他的交流电机的设想时，爱迪生因担心这会影响他公司直流电和直流电机的发展，便拒绝了特斯拉的交流电机计划。

特斯拉在爱迪生公司进步很快，不久开始负责直流电机的改进和设计工作。据特斯拉回忆，1885年爱迪生对他说："如果你能完成直流电机的改进，公司将奖给你5万美元。"然而当特斯拉辛苦完成任务后，爱迪生却回答他："特斯拉，你难道不懂我们美国人的幽默吗？好吧，为了奖励你的出色工作，将你的周薪由18美元提高到26美元。"特斯拉感觉受到了欺骗，就从爱迪生公司辞职了。

1886年，特斯拉在投资商的支持下创建了特斯拉电灯与电器制造公司并任总经理。然而，投资商不同意特斯拉关于发展交流电的计划，并最终罢免了他的职务。特斯拉当时来美国才两年，无依无靠，连个住处也没有，一下子就陷入了贫困。在1886年到1887年期间，特斯拉为了糊口，不得已干一些体力活，甚至挖沟修渠，每天只挣2美元。

特斯拉还算幸运，他意外遇到了西联银行主管阿尔弗雷德·布朗和纽约律师查尔斯·派克。特斯拉使劲地向他们推销他的交流电系统。这两个非常认同交流电的设想，他们三人在1887年4月共同成立了特斯拉电力公司，还为特斯拉建立了一个实验室，让他专心开发交流电系统和相关设备。同年，特斯拉就成功开发出两相交流电机及可靠的交流电传输系统，并在1888年5月获得交流电机和交流电传输系统的发明专利，如图1-10-2，随后于5月16日，在美国电气工程师协会展示了他设计的交流电机。

当时爱迪生的直流电系统占据主导地位，但直流电因不能变压而无法远距离传输，因此爱迪生只好每英里建一个发电站，导致传输成本很高。

(No Model.)   4 Sheets—Sheet 1.

N. TESLA.
ELECTRO MAGNETIC MOTOR.

No. 381,968.   Patented May 1, 1888.

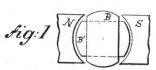
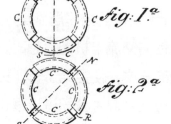

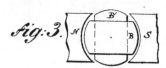

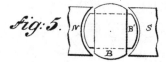

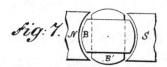

WITNESSES:
Frank E. Hartley
Frank B. Murphy

INVENTOR
Nikola Tesla
BY
Duncan, Curtis & Page
ATTORNEYS

(a)

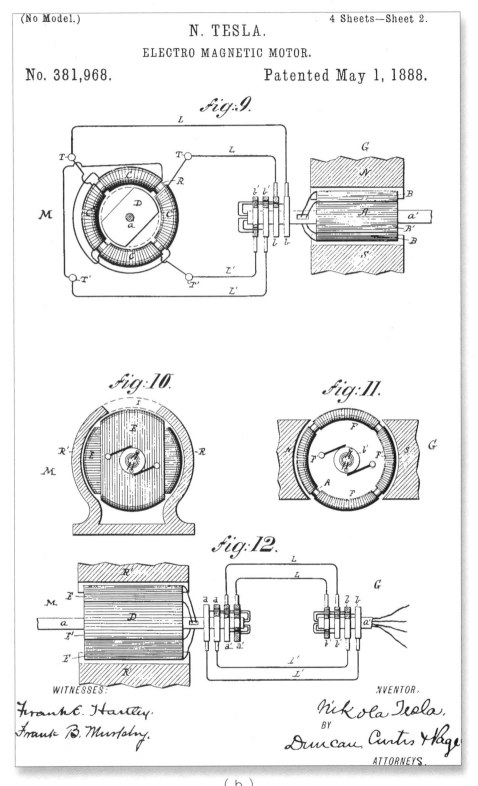

(b)
图 1-10-2

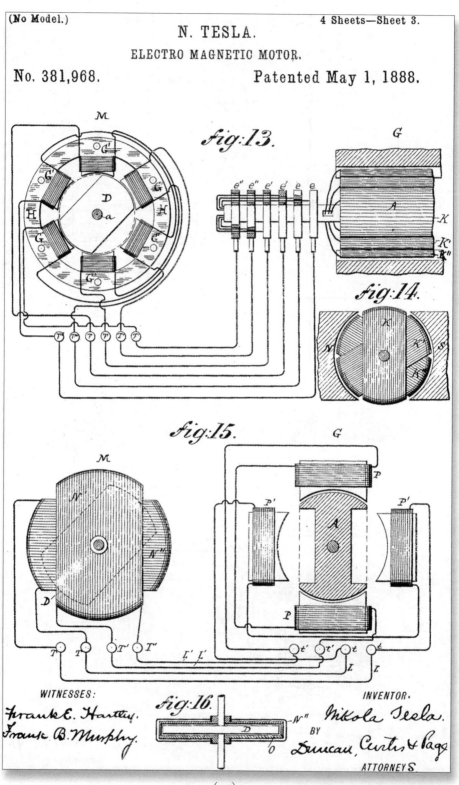

(c)

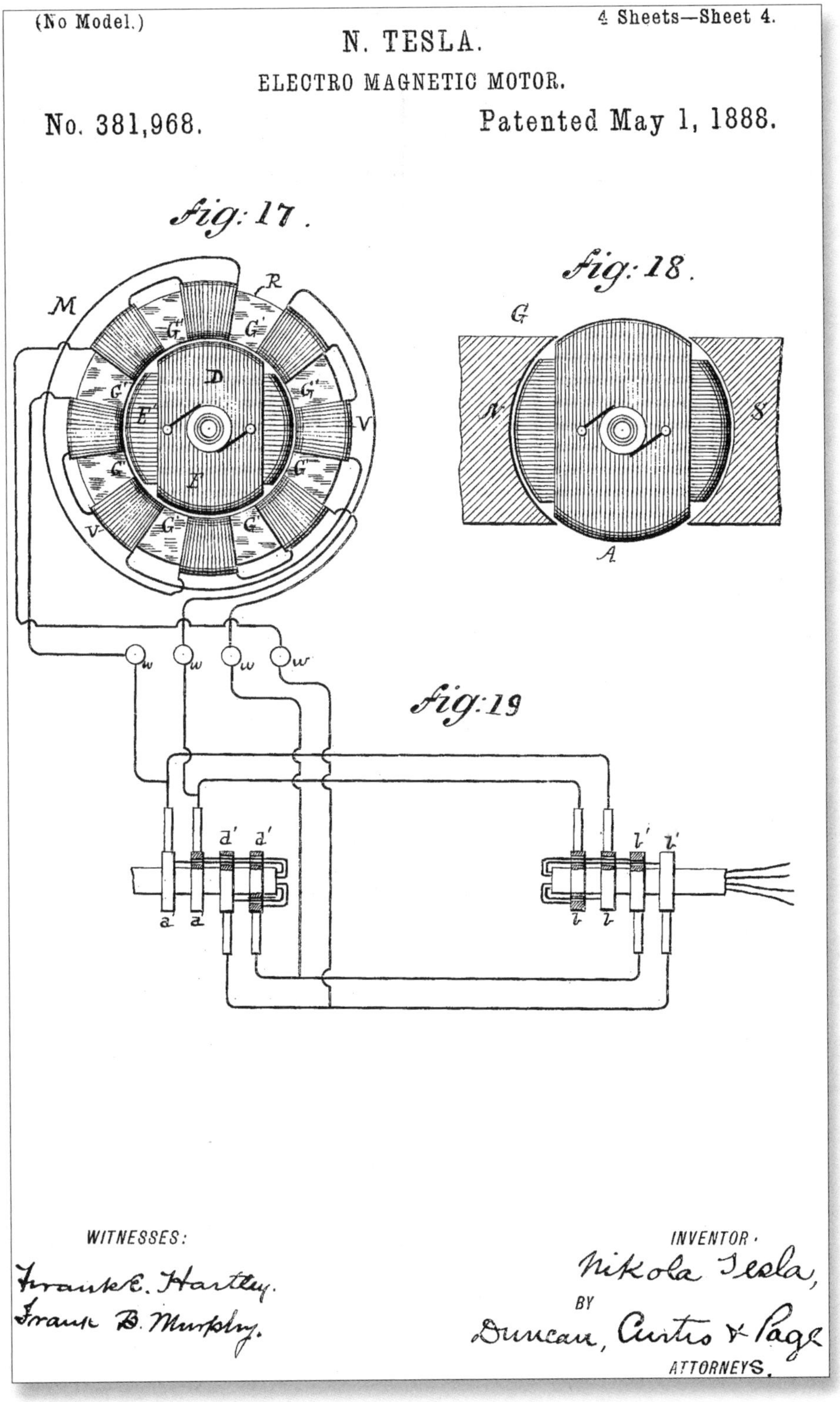

(d)

图 1-10-2　特斯拉交流电机发明专利图

而交流电可以将电压升高，传送到用户前再把电压降下来，因此可以远距离传输，而且传输成本很低。

特斯拉的交流电技术吸引了西屋电气公司老板乔治·威斯汀豪斯的关注。他非常看好交流电，认为这才是未来的电力系统。1888年7月，特斯拉公司与西屋公司就特斯拉发明的交流电系统达成了一项技术许可协议，价格为6万美元，每产生和传输二千瓦的交流电，支付给特斯拉2.5美元的专利使用费。

就这样，在西屋公司的推广下，特斯拉的交流电系统迅速将电力传向更远更广的地区，照亮了美国城市乡村。特斯拉一时间成了美国人人皆知的科技精英。

特斯拉发明的交流电系统主要包括交流发电机、交流电传输和交流电动机。在开始阶段，交流电动机的控制技术还比较落后，甚至还不能调速，因此交流电动机的应用受到很大限制。据称当时匹兹堡市在建立有轨电车交通系统时，特斯拉的交流电动机因不能调速而被直流电动机击败。直到尼亚加拉水电站建成后，交流电动机才开始得到广泛应用。

1896年，特斯拉参与建造了美国的尼亚加拉水电站。尼亚加拉瀑布强大的水流推动巨大的交流发电机，可以提供4000千瓦的电能，通过变压器升压到2.2万伏，再通过高压电线输送到580千米外的纽约，经变压器降压之后供给交流电动机、电灯泡和电车等用电设备。从此，特斯拉发明的交流电系统，开始走进千家万户、工矿企业，成为驱动社会快速进步的主要动力，一直到今天都是如此。

现在为电动汽车充电的电源是交流电，转换为直流电后储存于动力蓄电池，然后再转换为交流电供给交流电动机，最终驱动汽车奔跑。

第 2 篇
汽车的诞生和起步时期

第 1 章

谁发明了电动汽车：特鲁夫/1881

发明狂人设计电动三轮车，当街表演引关注。

1881年4月19日，巴黎市中心的瓦卢瓦街上，一辆三轮车引起了路人们的关注（图2-1-1）。街道两旁站满了看热闹的人，只见一人坐在外形奇特的三轮车上。车的右侧是两个小车轮，负责转向；左侧是

图 2-1-1　1881 年第一辆三轮电动汽车在巴黎大街上引起路人围观

一个大车轮，负责驱动。虽然传动链条还在，但原来的脚蹬子却不见了。车后部放了一个方盒子，看样子里面装满了东西。正当人们好奇这辆三轮车怎样往前走时，只见它开始慢慢地移动了，声音极小，但速度却越来越快，必须快步跑才能追上。这是一辆由蓄电池驱动的三轮车，堪称世界第一辆电动汽车。操作这辆电动三轮车的是法国人古斯塔夫·特鲁夫（Gustave Trouve），如图2-1-2，他也是这辆电动三轮车的发明人。

图2-1-2　古斯塔夫·特鲁夫

据史料记载，特鲁夫展示的这辆电动三轮车装有6节可充电的铅酸电池，都装在车后的木盒子里。它由一台直流电动机驱动，那是由一台西门子小型直流电机改进来的，有效功率约70瓦。包括电池和骑乘人，电动三轮车的总质量约为160千克，最高车速12千米/时。

对于到底是谁发明了电动汽车，一直存在争论。有人将1834年美国人托马斯·达文波特研制的直流电动汽车称为世界上第一辆电动汽车。后来还有荷兰和匈牙利的科学家，也被认为是电动汽车的发明人。但他们都是使用干电池作为车辆的动力电池。这种电池不能反复充电，只能一次性使用，因此人们并不将其称为真正的电动汽车。

直到1865年，法国物理学家加斯顿·普兰特发明了一种可充电蓄电池，才使真正实用的电动汽车成为可能。而古斯塔夫·特鲁夫是将可充电蓄电池和电动机一起作为车辆动力的先驱。可惜的是，古斯塔夫·特鲁夫并没有为自己的电动汽车申请专利。据分析，他可能是考虑到可充电蓄电池、直流电动机和三轮车，没有一样是他发明和制造的，他只是将三者组合在一起而已。

之后，特鲁夫转而开始研制电动船和电动飞艇，他要往水上和空中发展了。为了维修方便，便于携带和拆卸，他把电动机装在船外，因此而发明了舷外发动机。他发明的电动船长约5米，1881年5月26日，在塞纳河上能以3.6千米/时的速度逆流行驶，以9千米/时的速度顺流行驶，见图2-1-3。

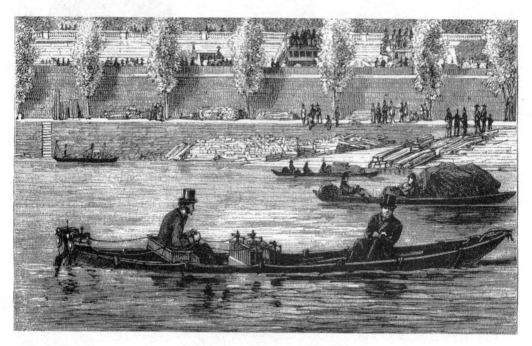

图2-1-3　特鲁夫测试电动船

古斯塔夫·特鲁夫出生在一个普通家庭，父亲是个卖牛的商人。特鲁夫曾在当地一家学校学习制锁技艺，后来又跑到巴黎找到了一份制造钟表的工作，成了一位制表匠。可能是精密机械的魅力吸引了他，他渐渐对与电有关的发明产生了浓厚兴趣。他在发明电动汽车之前，就拥有了很多发明，如1872年，他发明了一种便携式军用电报传输系统，使命令和报告都能从前线迅速传送回来；1874年，他发明了一种可以定位并从病人身上提取金属物体（如子弹）的装置，这就是今天金属探测器的原型；1878年，他利用铅酸电池和一个小型密封白炽灯泡，发明了一种"多倍镜"，即现在内窥镜的前身。

在发明电动汽车后，他将电动机进一步改进，使其微型化，并用微型电动机发明了电动牙钻、电动缝纫机、电动剃须刀、电动按摩器、电动键盘乐器、电池供电的可穿戴救生衣、水射流推进船等。他还发明了安全头盔灯，甚至还制造了一个电动的机械鸟。

另外，他还把铅酸电池很好地应用在其他设备上，包括船用的前照电灯和电喇叭。1889年，他还打造了一个电动步枪，并带有一个前照灯，使夜间狩猎成为可能。据统计，古斯塔夫·特鲁夫的发明总计有75项之多。但这位发明狂人只关注发明本身，只为了满足自己的发明欲望，而不关注商业运作和实际应用，导致他的发明没有一项上市销售。因此，当63岁的古斯塔夫·特鲁夫于1902年去世后，他很快就从公众的记忆中消失了。然而他在一百多年前发明的电动汽车，今天却越来越火了。

第 2 章
两轮摩托车的发明：戴姆勒/1885

汽油发动机可以上路了，先拿个两轮车试试。

1885年11月18日，德国斯图加特市郊区的一条路上，一辆木制两轮车在疾驰。说是"疾驰"，其实和人慢步跑的速度差不多。这不是一辆两轮脚踏车，骑车人只是手握车把，专注地掌握着方向。骑车人胯下一台"突突"响的机器，正在驱动两轮车前进。骑车人是一位17岁的大男孩，是这辆机动车发明人戈特利布·戴姆勒（Gottlieb Daimler）的儿子。他今天的任务是测试这辆机动车，看能否在3千米长的路上跑个来回。

这辆两轮机动车是戴姆勒公司转型后研制的第一辆机动车。两年前也就是在1883年，戈特利布·戴姆勒研制成功汽油发动机后，并没有立即开发它的实际用途，而是专注于它的生产和销售。1884年，他们又设计出一款新型的立式发动机。但这时戈特利布·戴姆勒发现，他们制造和销售发动机并没赚到什么钱，还不如那些购买他们产品的客户赚钱多，于是决定将公司业务转型，在生产发动机的同时，也要利用发动机开发一些交通工具。

戴姆勒的新型立式发动机体积很小，重量很轻，只有一个汽缸，排量264毫升，最大功率0.5马力。对于这么轻巧的小型发动机，戴姆勒觉得它更适合作为两轮车的动力。他把发动机塞在两个轮子之间，用一根传动带把发动机动力传送到后轮。发动机底部有一大一小两个带轮，当选择大带轮时，两轮车能以12千米/时的速度快速行驶；当选择小带轮时，能以6千米/时的速度慢速行驶。也就是说，这辆车有两个挡位。为了增强车辆的稳定性，在车辆两侧还各加了一个辅助轮。

骑手的坐垫就设置在立式发动机的上面，骑手只好骑在发动机上了。1885年8月29日，戈特利布·戴姆勒获得了两轮机动车的发明专利（图2-2-1，图2-2-2）。世界第一辆两轮摩托车就此诞生。

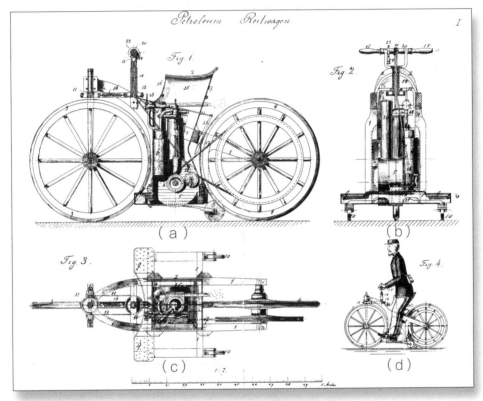

图 2-2-1　戴姆勒两轮摩托车专利图

图 2-2-2　戴姆勒两轮摩托车复制品

据称，在测试两轮机动车的途中，由于发动机的热管点火系统过热，差点造成发动机上面的坐垫起火。还好有惊无险，两轮机动车顺利地返回了戴姆勒公司的所在地。这次测试充分证明，汽油发动机可以为交通工具提供动力，人类完全可以驾驭它。

有意思的是，戈特利布·戴姆勒此后再也没有制造过其他两轮机动车。唯一的那辆木制两轮机动车，也在1903年的戴姆勒工厂大火中被烧毁。但戈特利布·戴姆勒从两轮机动车上获得了研制机动车的坚定信心，不久他就将研发重点转到四轮机动车了。

第 3 章
三轮汽车的发明：卡尔·本茨/1886

一辆三轮马车在街上行走，前面竟然没有马！

1886年7月3日，德国曼海姆市正举行一场户外公开试车活动。活动主办方奔驰公司邀请了很多记者到场观看，一些市民听说后也来看热闹。活动的主角是卡尔·本茨（Karl Benz，见图2-3-1）发明的一辆机动三轮车（图2-3-2），它要向人们展示如何不用马拉也能让马车行走。

当天德国的《新世界报》就对试车活动进行了详细报道："今天早些时候，奔驰公司的三轮机动车圆满通过了公开测试。"同时报道："卡尔·本茨的儿子尤金拿着一瓶燃油，跟着机动车一起跑，以便在燃油用完时马上为车加油。"报道还说："整辆机动车与一般的三轮马车差不多大，但给人一种赏心悦目的优雅印象。毫无疑问，这种机动车很快就会交到很多朋友，因为它会证明自己非常实用，可供医生、旅行者使用。"

卡尔·本茨于1844年在德国出生，他比戈特利布·戴姆勒小了10岁。他父亲是一位火车司机，在卡尔·本茨出生

图2-3-1　卡尔·本茨

图 2-3-2　第一辆三轮汽车

之前在一次事故中不幸身亡。卡尔·本茨于1860年中学毕业后即上了当地一所技术学校。在学校他对机械原理特别感兴趣，尤其偏爱研究热力发动机和蒸汽发动机。1864年7月卡尔·本茨毕业，年仅19岁。

毕业后，本茨曾在好几家公司工作，后来他又到部队服役。从部队回来后，27岁的卡尔·本茨和奥古斯特·里特一起，于1871年在曼海姆合伙创办了一家机械加工厂。这家企业第一年经营得很糟糕。这位合伙人很不靠谱，导致工厂濒临破产。这时候卡尔·本茨的未婚妻伸出援手，用她的嫁妆买下了合伙人在公司的股份，才使卡尔·本茨保住了工厂。

后来的经营还是不景气，到1877年时卡尔·本茨的工厂又要倒闭了，他欠别人的2000马克也无力偿还。在卡尔·本茨最困难的时期，又是他的妻子伯塔·本茨，靠变卖嫁妆首饰来维持一家人的生计。

卡尔·本茨为了获得更多的收入，在1878年开始研究新的专利。他决定转到发展潜力巨大的发动机制造业，集中精力研制二冲程发动机，终于在1879年12月31日夜大功告成，并在1880年6月28日获得了二冲程发动机的发明专利。但由于发动机在当时没有多大用处，没有人专门去买一台发动机，因此卡尔·本茨的工厂仍不景气。

1882年，卡尔·本茨终于取得一位商人及一位银行家的支持，联合成立曼海姆燃气发动机股份有限公司。在签署了所有必要的公司协议后，卡尔·本茨很不高兴，因为他的股份被稀释了，只剩下5%的股份和一个不太重要的董事职位。最糟糕的是，在设计新产品时没有考虑到他的想法，所以他在一年后，即1883年退出了那家公司。作为提前退出公司的处罚和赔偿，卡尔·本茨搭进去了所有的设备和机器。

　　就在1883年，卡尔·本茨又与一个自行车修理店的两个老板一起，成立了一家三人合伙公司，这就是奔驰汽车公司的前身。公司的主要业务是生产工业机械。这也是卡尔·本茨第三次创业了。这一次还比较顺利，公司很快就拥有了25位员工，并开始生产固定式燃气发动机。

　　公司发展顺利的同时，卡尔·本茨继续研制燃油发动机。两年后，即1885年，卡尔·本茨的四冲程燃油发动机研究成功。期间，本茨花了大量的时间来研究点火问题，最后他提出了一个解决方案，通过点火线圈将低电压转换成高电压，然后用高压电火花点燃混合气。在点火方式上，卡尔·本茨的发动机要比戈特利布·戴姆勒的热管式点火更先进。

　　在发动机冷却方面，本茨选择了简单的蒸发冷却，这意味着水的消耗量会非常大，要不断地加水。更有效的循环冷却系统直到10年后才会被开发出来。卡尔·本茨的四冲程发动机还有曲轴、平衡重等现代发动机上必备的一些技术和部件。这台发动机为单缸，排量954毫升，四冲程循环，蒸发水冷却，立式，电点火，功率0.75马力，最大转速400转/分。它的重量很轻，只有100千克。

　　发动机研制成功后，卡尔·本茨立即着手开发它的用途。由于他还没有解决四轮车的转向操纵问题，只好将发动机装在一辆三轮马车上，并且是水平安放在两个后轮之间，因为他担心垂直安放会影响汽车的转向和稳定性。

　　这辆车采用后轮驱动，但只有一个挡位，没有倒挡，或者说没有变速器，也没有离合器，但中间轴上有一个空转的轮子，或者叫怠速轮。车辆静止时，发动机通过传动带驱动怠速轮转动，这时候汽车不会往前走；当汽车要起步时，将传动带从怠速轮拨到中间轴的带轮上，汽车就前进了。想调节汽车速度时，可以拨动司机座位下一个套筒式滑动机构来调整。

车辆的制动只能通过手动操作一根作用在中间轴带轮上的杠杆，让杠杆摩擦带轮来实现。当时脚踩式制动系统还没有发明出来呢。

这辆车的油箱为4.5升，百千米油耗大约是10升，也就是说它的最大续航里程为45千米。

出于保密的原因，卡尔·本茨的三轮汽车的初步试驾于1885年在工厂内举行，而且是在夜间偷偷进行。在行驶了100米后，测试车就停了下来，第一次试车只持续了几分钟。但没过多久，一百米变成了一千米，每试一次，行驶的距离就变长一点。

卡尔·本茨后来回忆说："我开车的速度可能达到了16千米/时。我的信心随着每一次试车而增长；另一方面，每一次试车都给我展示了新的改进的可能性，所以到1886年1月，我已经准备好申请专利了。"

1886年1月29日，卡尔·本茨获得了"以汽油为燃料的汽车"的发明专利（图2-3-3）。后来人们就把这一天定为汽车的生日。

1887年，奔驰公司又设计出改进后的奔驰2型。很快又推出奔驰3型，变速挡位已增加到两个，并开始少量生产和销售。奔驰3型总共生产了大约25台。

1888年9月，卡尔·本茨驾驶他发明的汽车参加了慕尼黑机械展览会，当即震惊了所有人。当时的报纸写道："星期六下午，人们怀着惊奇的目光看到一辆三轮马车在街上行走，前面没有马，也没有辕杆，车上只有一个男人，马车在自己行走，大街上所有的人都惊奇万分。"

虽然卡尔·本茨和戈特利布·戴姆勒都是在1886年发明了汽车，而且两人当时相距只有100千米左右，但没有证据表明两人互相认识，也没有证据表明他们互相了解对方的早期发明成就，都以为是自己最先发明了汽车。只不过，卡尔·本茨最先获得了汽车发明专利。

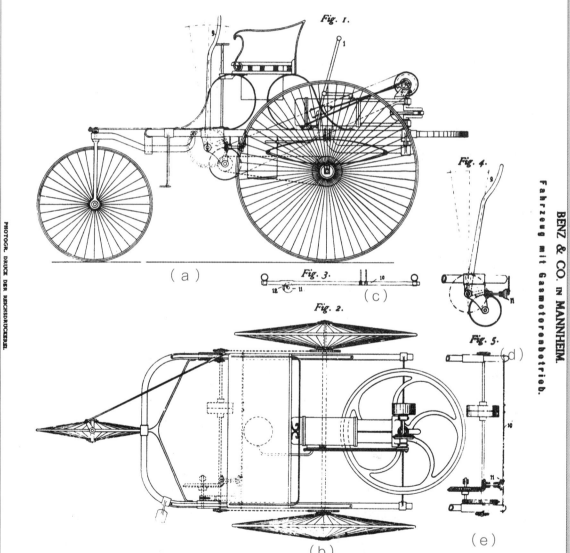

图 2-3-3 第一辆三轮汽车专利图

第 4 章
四轮汽车的发明：戴姆勒/1886

送给妻子的生日礼物，是个世界发明。

1886年3月8日，戈特利布·戴姆勒（Gottlieb Daimler）订购了一辆漂亮的四轮马车，秘密地弄到了家里。然而还是有好事的邻居看到了，就上前询问，想探个究竟。戈特利布·戴姆勒告诉邻居说："我妻子要过生日，给她个惊喜，送她个绝对想不到的生日礼物。"

戈特利布·戴姆勒秘密地将这辆四轮马车弄到工作室进行改装。首先把最新研制的发动机装上车，替代马匹作为车辆的动力。这台新型立式发动机就安装在后排座椅前，它的排量只有462毫升，空气冷却，最大转速900转/分，最大功率1.1马力。与之前的立式发动机相比，动力性能提高了不少，而且重量也更轻了，只有40千克。

戴姆勒为这辆车设计的传动系统也很简单。先用传动带将发动机动力传递到中间轴上的带轮，再用链条将动力从中间轴传到后轮。中间轴上有大小两个带轮，选择不同的带轮就可以让车辆以不同的速度行驶，相当于变换挡位了。但换挡时必须把车辆完全停止才可以操作。这台机动四轮车最快可以跑到16千米/小时。

马车原有的车轮、双排式座椅布置、钢板弹簧悬架结构、外挂式车灯和前挡板等，都没有做改动，该车从外形上看仍是一辆马车，只是没有马拉。因此，这辆车当时又被称为"无马马车"，也是世界第一辆四轮汽车（图2-4-1、图2-4-2）。可惜的是，戈特利布·戴姆勒在申请专利的事上还是晚了一步。卡尔·本茨已在38天前获得了汽车发明专利。

图 2-4-1　戴姆勒发明的四轮汽车

图 2-4-2　戴姆勒坐在汽车后座上

尽管戴姆勒没有为他的四轮汽车申请专利，甚至当地报纸上都没有戴姆勒的四轮机动马车的报道，但是人们仍将他们两人都视作汽车的发明者。两人的公司在1926年合并为一家公司——戴姆勒-奔驰汽车公司，因此也就没有出现谁是真正汽车发明人的争议。

第 5 章
第一个汽车制动片：
伯塔·本茨/1888

一次回娘家之行，竟完成了世界第一次长途试驾。

1888年8月的一天，伯塔·本茨(Berta Benz)带着两个儿子驾驶一辆三轮汽车，从普福尔茨海姆镇的娘家返回曼海姆家的途中，感觉汽车制动越来越不灵了。他们三人急忙下车查看，发现用来制动的木杆子磨损太严重了，以至于制动力很弱。此后他们小心驾驶，当经过一个小镇时，伯塔·本茨找到一位鞋匠，请他在制动杆上钉上一块皮子，增强摩擦力，防止制动再次失灵。这块皮子是第一块汽车制动片。伯塔·本茨也就成了汽车制动片的发明人。

虽然伯塔·本茨的丈夫卡尔·本茨早在1886年初就获得了汽车发明专利，但人们对这种机动马车并不感兴趣，在与马车和蒸汽车的竞争中也不占优势。人们对汽车还存在很多担心，而且卡尔·本茨还没有证明汽车能可靠地行驶，甚至汽车能跑多远都是未知数。伯塔·本茨为了向人们证明汽车的可靠性和优越性，她要用汽车来一次长途旅行。

此时39岁的伯塔·本茨已是四个孩子的母亲。她的两个儿子尤根（15岁）与理查德（13岁），也很想坐爸爸发明的三轮汽车去姥姥家。伯塔就趁孩子放暑假之机，以探望母亲为名，带两个孩子驾车回一趟娘家普福尔茨海姆镇。

从曼海姆到普福尔茨海姆有106千米远,估计要走一整天。于是三人决定早早出发,他们趁卡尔·本茨还未起床之际,就带着面包、香肠、饮用水,悄悄地将2.5马力的奔驰3型推出了院子,以免把发明家从睡梦中吵醒,如图2-5-1。他们在厨房给卡尔·本茨留了信息,说明了他们的驾车探亲旅程。

图2-5-1　伯塔·本茨和两个儿子将汽车推出院子

汽车由大儿子欧根驾驶,妈妈坐在一旁辅助。他们缓缓驶出曼海姆,向目的地普福尔茨海姆前进。由于出来较早,马路上空无一人。当时道路较简陋,汽车的行驶稳定性也差,因此一路上颠簸不断。过了魏恩海姆镇后,马路上渐渐热闹起来,他们开始遇到一些马车。汽车发动机的"突突"声及硬车轮与地面相挤压的"咯吱"声,吸引了沿途的行人和车夫驻足观看。一辆没有马的马车竟能自动行走,令人们惊奇万分。一些马匹因受惊吓竟使马车翻落路旁。

上坡时由于只有两个档位,爬不上坡,他们就下来推上坡。在上一个土坡时,汽车突然熄火了。经检查发现是输油管堵塞,伯塔灵机一动,用帽子上的饰针疏通了油管，发动机又转起来。走着走着，电线又出现短路，伯塔截下长袜上的松紧带充当绝缘体。

当时还没有收费站、检查站，也没有加油站。这辆车的油箱只有4.5升，续航里程最大只有45千米，因此路上至少要加两次油。当时汽车使用的是一种轻质油，也是石油的分馏物，是一种溶剂，也是清洁剂，实际上就是后来的汽油。被用作溶剂的轻质油只在药店有售，她在维斯洛赫市的一家药店买到了这种溶剂，这家药店也成为了世界上第一个加油站，见图2-5-2。去的路上他们共加了三次燃油。

当时的奔驰汽车还采用蒸发式冷却，没有散热器和循环冷却水，旅途中必须不断地停下来为汽车补充冷却水。

图2-5-2　伯塔在药店购买汽油

经过12个小时的行驶,黄昏后才到达伯塔的娘家,伯塔·本茨赶紧用电报向丈夫报平安。几天后母子三人又开车返回曼海姆。

这就是世界上的第一次汽车长途旅行。现在看来不算什么,但在当时确实需要巨大的勇气。伯塔·本茨向丈夫汇报了沿途发生的每一件事,相当于提供了丰富的"试验数据"。她还提出了几项非常重要的改进建议,例如增加一个用于爬坡的低挡位、为制动板加装耐磨的制动片、改进电线的绝缘性能等。更重要的是,她为奔驰汽车做了一次很好的广告,让奔驰汽车引起世界的关注,使公司开始了真正的销售。

2008年,伯塔·本茨三人的行车路线(图2-5-3),被正式批准为人类工业遗产路线,以纪念世界上第一次汽车长途旅行。

图2-5-3 伯塔·本茨三人的行车路线

第 6 章
充气轮胎的发明：邓禄普/1888

心疼儿子骑车太颠簸，他找了一根软管绑在车轮上。

1887年10月的一天，英格兰的兽医约翰·邓禄普（John Dunlop，图2-6-1）靠在自家兽医诊所门口，观看小儿子在鹅卵石铺就的街道上骑小三轮车玩耍。虽然儿子很吃力地蹬，但使用实心橡胶车轮的三轮车还是走不快，而且鹅卵石路面把儿子颠得很痛苦。在心疼儿子之际，他联想到出门行医乘坐的马车，那个硬邦邦的实心橡胶车轮压在石头路面上，也让自己饱受颠簸之苦。如果能用软性材料把车轮包裹起来，那一定会让骑车的人和乘车的人都舒服。想到就干，他开始寻找软性材料。

可能是行医中要接触到橡胶管的缘由，约翰·邓禄普想到了橡胶管。他在花园找到一根浇花用的橡胶软管，裁剪后用布条把橡胶软管绑在一个直径94厘米的木制圆盘上，并用胶水将橡胶软管的一端密封，找个给足球充气的管子为橡胶管充气，然后再密封好，如图2-6-2。

他从儿子的三轮车上卸下一个轮子，与自制的充气轮子在院子里"赛跑"。结果三轮车上的轮子很快就停止倒下了，而充气轮子却仍在前进，直到撞上门柱反弹后才倒下。充气轮子完胜实心橡胶轮子。

受测试成功的鼓舞，邓禄普又将三轮车的两个后轮都包裹上充气的橡胶管，如图2-6-3，再让儿子骑上去试试。实际测试结果非常好，不仅舒适、不颠簸，而且还轻快了许多。

图 2-6-1 约翰·邓禄普

图 2-6-2 邓禄普发明的第一个充气自行车轮胎

图 2-6-3 邓禄普将软管绑在三轮车上

邓禄普喜出望外，决心再接再厉，他开始给自行车换上充气的轮胎，并在一个宽阔的运动场里进行了多方面的性能测试，结果都非常满意。

1888年12月7日，邓禄普获得了充气轮胎的发明专利。随后他与人合伙成立公司，开始生产充气自行车轮胎。邓禄普的自行车轮胎工厂发展很快，在爱尔兰和英格兰都有开设。

然而两年后，苏格兰的另一个发明家罗伯特·汤姆森，却站出来质疑邓禄普发明专利的原创性，声称他于1846年在法国和1847年在美国，分别为制造充气轮胎的想法申请了专利。

其实，罗伯特·汤姆森确实曾发明了第一个橡胶充气轮胎，但因为制造成本太高而无法生产和普及。由于当时的通信条件差，相互之间的信息交流非常困难，因此没有几个人知道他的发明。

邓禄普发明充气轮胎的初衷并不是为汽车使用的，而是用在自行车上。真正将充气轮胎用在汽车上，还是七年后由法国人米其林兄弟实现的。

1896年，56岁的邓禄普将专利权和公司的控制权转让给了他人。作为回报，他获得了新公司的1500股股份，公司仍以他的名字命名。他退休后去了都柏林定居。

十年后，随着燃油汽车的出现和逐渐普及，轮胎需求激增，邓禄普轮胎公司戏剧性地发展成为一家跨国公司。

1921年10月23日，约翰·邓禄普在都柏林去世，享年81岁。虽然他的充气轮胎发明曾受到质疑，他也不再拥有充气轮胎发明专利，但人们相信，他就是充气轮胎发明人。

充气轮胎有什么优势？

(1) 充气轮胎的减振性好

当初邓禄普发明充气轮胎的目的就是减振，以减轻骑自行车时的颠簸之苦。充气轮胎具有较好的弹性，能够吸收来自路面的振动。而实心轮胎弹性较弱，它会把振动直接传递给车上的乘员，影响乘坐舒适性。

(2) 充气轮胎重量更轻

车辆是靠轮胎与地面间的摩擦力前进的，而轮胎摩擦力主要受接地面积影响，因此必须使轮胎拥有一定的宽度。如果让实心轮胎与充气轮胎具有同样宽度，那车轮重量势必增加很多，而这会影响车辆的行驶能力。

(3) 充气轮胎抓地力强

充气轮胎受挤压时可以变形，因此它与地面的贴合度更高，可以保持较大的接地面积，从而保证拥有较大的抓地力。而实心轮胎不容易变形，遇不平路面时接地面积会减小，从而影响轮胎的抓地力，容易打滑。

第 7 章
柴油发动机的发明：迪塞尔/1896

正在测试的发动机突然爆炸，金属碎片乱飞。

1913年9月29日晚，柴油发动机的发明人鲁道夫·迪塞尔（Rudolf Diesel，图2-7-1），登上德累斯顿号轮船，前往英国伦敦参加会议。他在船上吃了晚饭，晚上10点左右回到自己的船舱。第二天早上人们发现他失踪了。10天后，一艘荷兰船只的船员在挪威附近的北海发现了迪塞尔的尸体。迪塞尔终年55岁。

有关迪塞尔的死因有多种传言，有人认为他是自杀，有人认为他是被谋杀，因为他拒绝给予德国军队使用柴油发动机的专有权。还有传言，迪塞尔去英国的主要目的，是与英国皇家海军的代表会面，讨论用柴油发动机为英国潜艇提供动力的可能性。当时正值第一次世界大战前夕。然而，所有说法都没有得到证实。柴油发动机发明人的失踪和死亡，至今仍然是个谜。

鲁道夫·迪塞尔于1858年出生于法国巴黎。他的父母是住在巴黎的巴伐利亚移民。当时，迪塞尔一家经济比较困难，

图 2-7-1　鲁道夫·迪塞尔

小鲁道夫·迪塞尔不得不在父亲的作坊里帮工,用手推车给顾客送皮革制品。1870年,普法战争爆发,他的家人和许多德国人被迫离开法国。他们在英国伦敦定居,迪塞尔在那里上的是一所英语学校。然而,迪塞尔的母亲担心,迪塞尔只会讲法语和英语而不会讲德语了,于是不等普法战争结束,就把12岁的迪塞尔送到德国奥格斯堡的姨妈家,希望他也能说一口流利的德语。

1880年1月,迪塞尔以优异成绩从慕尼黑理工学院(现称慕尼黑工业大学)毕业,然后回到了法国巴黎,追随他的大学老师卡尔·冯·林德教授。迪塞尔在林德教授的制冷和制冰厂担任工程师,后来又升任厂长,再后来在德国和法国获得了多项制冷技术专利。

十年后,1890年初,迪塞尔携妻子及三个孩子搬到了柏林。由于禁止他使用在林德公司工作时取得的专利,他只好往制冷以外的领域发展,进入了当时最热门的蒸汽发动机行业。然而,他在研究汽缸压力对汽缸盖的强度测试中,发动机突然爆炸了,金属碎片乱飞,几乎要了他的命。

迪塞尔在医院住了几个月,随后出现了健康和视力问题。他决定放弃对蒸汽发动机的研究,转而研制一种热效率更高的卡诺循环内燃机。据迪塞尔说,他想起1878年林德教授曾说:蒸汽机只能够将6%～10%的热能转化为功,而卡诺循环可以将更多的热能转化为功。

迪塞尔在卡诺循环内燃机上又花了几年时间,到1892年他认为研究成功了,甚至还获得了一项专利。1893年他发表了一篇相关论文,但有人发现论文中存在错误。迪塞尔修改后又申请了一项发明专利。这次发明的内燃机采用四冲程循环,但燃料是在压缩冲程结束时注入的,并由压缩气体产生的高温点燃混合气,即压缩点燃方式。这也是现代压燃发动机的运行原理。

有了压燃发动机的专利后,迪塞尔开始寻找制造压燃发动机的工厂。在他人的帮助下,他成功地说服了奥格斯堡机器制造厂(今天MAN公司的前身),同意试制他的压燃发动机。1893年8月,迪塞尔的压燃发动机试验机制造出来了(图2-7-2),但第一次启动失败了,因为压力过高而无法工作。这次试验使用的燃料是汽油。1894年,迪塞尔又制造出第二台原型机并进行试验，结果只转了一分钟就熄火了。

迪塞尔不气馁，继续改进他的压燃发动机，其间还发生过爆炸。后来，迪塞尔改用花生油作为燃料进行试验，但花生油的点火性能不佳，迪塞尔就提高压缩比，提高压缩气体的温度。这次使用花生油的压燃发动机终于成功启动了。虽然转速只有88转/分，但热效率达到了16.6%，并成功地连续运行了111个小时。

此后迪塞尔不断改进，在1896年10月又制作出一台压燃发动机（图2-7-3），并在1897年2月进行试验测试，最大功率已提升到17.8马力，热效率提升到27%。这个成绩非常理想，就此迪塞尔成功研制出实用的压燃发动机了。

不久，迪塞尔在欧洲和美国获得了与压燃发动机相关的多项发明专利。

图2-7-2　第一台迪塞尔验发动机

压燃式发动机也开始投入商业生产。迪塞尔成了百万富翁。

迪塞尔发明的压燃发动机成为驱动人类社会进步的主要动力,人们以他的名字DIESEL为这种发动机命名,即今天所称的柴油发动机。

图2-7-3　第一台迪塞尔试验发动机

第 8 章
直接传动系统的发明：雷诺/1898

因与纳粹合作而被捕，最后病死狱中。

1898年12月24日，这是个平安夜，是个欢庆的夜晚。在巴黎勒皮克街上，路易斯·雷诺（Louis Renault，图2-8-1）正准备驾驶他自己打造的汽车与人比赛，看谁先爬上蒙马特高地。蒙马特高地是巴黎的制高点，勒皮克街是通往高地的一条著名街道，它的坡度有13°之高，是巴黎最陡的一条路。雷诺自信满满，因为他的汽车上装备有他发明的"直接传动"变速器，而对方汽车还在使用落后的链条传动呢。雷诺依靠先进的"直接传动"系统而率先登顶。当时围观看热闹的人很多，当即就有12位下单购买雷诺汽车。就这样，雷诺汽车在1898年诞生了，历史上称为雷诺A型（图2-8-2、图2-8-3）。

路易斯·雷诺于1877年出生在一个富裕人家，是家里六个孩子中的老四。他从小就对工程和机械很感兴趣。他非常喜欢到蒸汽动力学专家莱昂·塞波莱的蒸汽汽车作坊里观看他人工作，而且一待就是好几个小时，或者在自己家的工具棚里鼓

图 2-8-1　路易斯·雷诺

图 2-8-2　第一辆雷诺汽车

图 2-8-3　雷诺与他设计的汽车

捣潘哈德的旧发动机。

看人家摆弄机械多了，自己的手就痒痒了。1898年，他雇用了两名工人和他一起，动手对一辆二手的布通（De Dion-Bouton）牌三轮汽车进行改造。当时汽车都使用链条或皮带传递动力，变速器才刚开始出现。路易斯·雷诺不仅将此车改造成四轮汽车，而且重新设计了变速器和传动系统，并采用了他发明的"直接传动"设计。

他设计了一台带倒挡的3速变速器，其中第3挡为"直接传动"，动力直接经变速器主轴传递，没有经过任何变速齿轮。此时传动比为1:1，动力传递最直接，传递效率最高。动力从变速器传出后，一个带万向节的传动轴将动力再传递到后差速器上，最终驱动车轮转动。

"直接传动"相对原来的链条和皮带传动，那是革命性的进步，不仅高效、紧凑，而且噪声小，可靠性高，因此很快被其他汽车制造商模仿，以至现在的手动变速器仍然保留传动比为1:1的"直接传动"挡位（一般为次高挡）。

路易斯·雷诺以"汽车变速和离合机构"为名申请了专利（图2-8-4）。据称，到1914年专利权过期为止，该专利总计为他带来了350万法郎的收入。路易斯·雷诺的发明创造并没有止步于"直接传动"，在接下来的几年里他总计获得了174项发明专利。

看到巨大的商业潜力后，路易斯·雷诺的两个哥哥（图2-8-5），马赛尔·雷诺和费尔南多·雷诺，也参与进来，三人在1899年2月25日共同成立了雷诺兄弟公司。最初，商业和管理完全由哥哥们负责，路易斯·雷诺专注于设计和制造等技术工作。雷诺汽车的业务迅速扩张，随即从后院加工作坊升级为正式工厂，不到一年，员工人数便激增到60人，成功地获得了71辆装有"直接传动"变速器的汽车的订单。

1902年，雷诺公司开发了它的第一个两缸发动机，由哥哥马赛尔驾驶参加从巴黎到维也纳的比赛并赢得了胜利。雷诺兄弟很快发现，他们可以借由赛车的胜利提升品牌知名度。雷诺汽车在一次"城市到城市"的汽车赛事中又夺得冠军，从而使汽车销量大增。雷诺三兄弟一起上阵参与赛

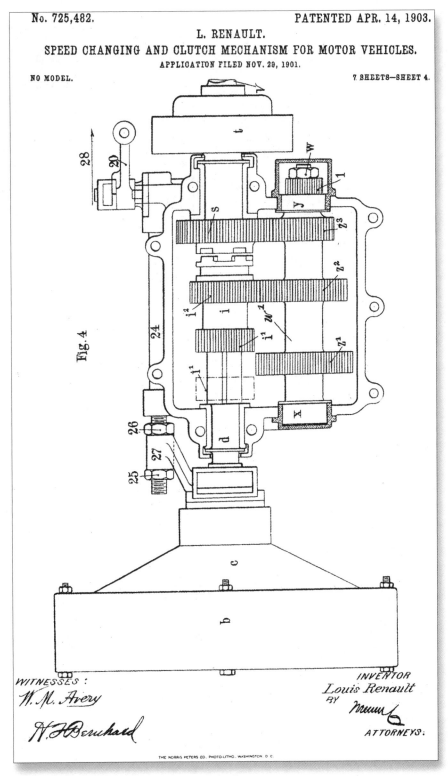

(a)

图 2-8-4

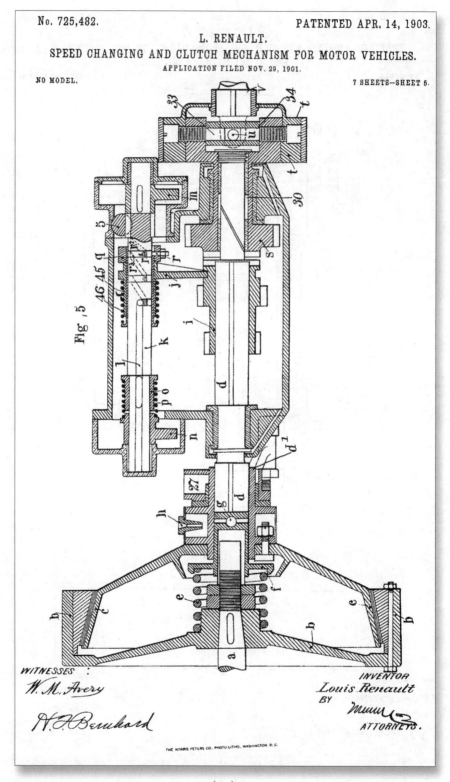

(b)

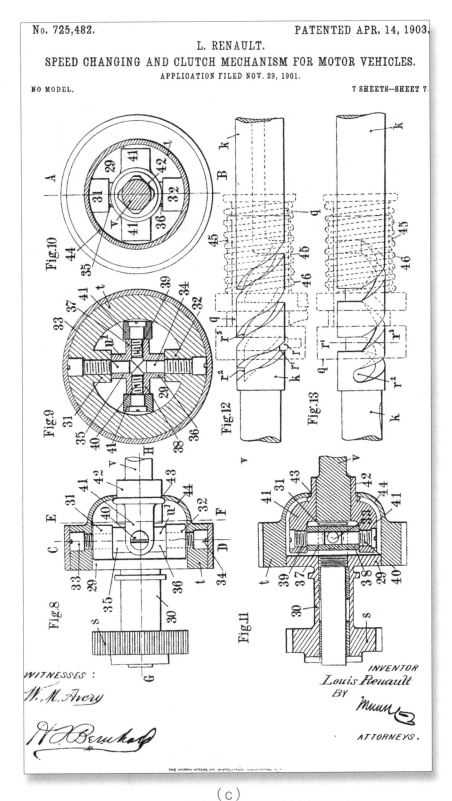

(c)

图 2-8-4　雷诺直接传动挡位变速器专利图

图 2-8-5　路易斯·雷诺（中）和他的两个哥哥

车。然而不幸的是，1903年，马赛尔·雷诺在巴黎—马德里的汽车比赛中丧生。

到了20世纪初，雷诺借助汽车比赛的胜利，已将业务扩展到意大利、德国、瑞士乃至美国。1905年，雷诺公司已扩张为法国最大的汽车厂。

1908年，路易斯·雷诺的另一个哥哥费尔南多·雷诺也因健康原因退休，转年就去世了。不得已，路易斯·雷诺只好全面接管公司，成了真正的法国汽车大王。

1914年8月，第一次世界大战爆发，雷诺公司的业务并没有因此而萎缩，反而积极制造军用物资，包括弹壳、炮弹、担架、救护车乃至飞机发动机，从而在战争中获得进一步的发展，遂在战后成为法国最具规模的民营工业集团。路易斯·雷诺在战后被授予荣誉军团勋章，以表彰他的工厂对战争的重大贡献。

1940年，国际形势转趋紧张，嗅觉敏锐的路易斯·雷诺特地前往美国学习最新的坦克制造技术，积极应战。没想到第二次世界大战爆发后，德国军队迅速占领法国，当时路易斯·雷诺还在美国呢。等他回来后发现，法德停战协定已经生效。

在被占领期间，雷诺公司处于德国人的控制之下，为德国纳粹制造军工产品。雷诺总厂也因此成为盟军的主要轰炸目标，几经炮火摧残后被夷为平地。看到自己工厂被毁，路易斯·雷诺的健康状况急剧恶化，包括肾功能减退等病都来了。1942年末，他还患上了失语症，不能说话也不能写字。

1944年9月22日，路易斯·雷诺被捕入狱，被控与德国进行工业合作。一个月后，路易斯·雷诺去世，终年67岁。当时一份官方报告称他死于尿毒症。

路易斯·雷诺去世后，法国政府宣布将雷诺公司收归国有。1996年，法国政府出售了雷诺公司80%的股份，这样雷诺公司又成了私营公司，但与雷诺家族已没有任何关系。

第 9 章
混合动力汽车的设计：保时捷/1901

用汽油机带动发电机发电，彻底治疗"里程焦虑症"。

1900年9月23日，在奥地利山区一条蜿蜒崎岖的路上，一辆软顶敞篷汽车在飞驰，但听不到发动机轰鸣的声音，只有空气扫过汽车顶篷的风声。这是一辆纯电动汽车，由蓄电池提供动力。驾驶这辆车的正是它的发明人费迪南德·保时捷（Ferdinand Porsche，图2-9-1），他今天要在这条6英里（约9.6千米）长的试车路线上测试车辆的速度性能。最后他以超过40千米/时的平均速度跑完了这条崎岖山路。这个成绩刷新了奥地利的一项汽车速度纪录。

费迪南德·保时捷是家中的第三个孩子，他们家是开五金作坊的，他自小就喜欢在自家铺子里搞研究。他的父母感觉费迪南德·保时捷可能在技术方面极具天赋，就决定送他去技术大学。可惜维也纳的学校太远而且收费昂贵，最后只好送他到离家最近的夜校上学。

保时捷有一位表哥是地毯厂老板，他觉得保时捷很有才气，就推荐18岁的保

图 2-9-1　费迪南德·保时捷

时捷到维也纳一家电气公司上班。保时捷在电气公司先是扫地板、擦桌子，然后是干维修。四年后，他凭借自己的聪明才智当上了试验部经理。在那里，他可以尝试自己的许多创意。但书到用时方恨少，保时捷发现在夜校学的那点知识远不够用，很难应付快速发展的技术革命。于是，保时捷常常跑到当地大学去蹭课。在那里，他可以自由选择感兴趣的课程学习。

掌握一定技术知识后的保时捷，很快就萌生了设计电动汽车的想法。他认为电动汽车没有噪声，没有烟雾，是理想的交通工具。他考虑到传动中的能量损失较大，于是就独创出轮毂驱动机构，将电机固定在车轴上，然后通过齿轮机构直接驱动轮毂，这样既省去了复杂的传动机构，又提高了传动效率。

保时捷将新设计的电动汽车给维也纳著名的车辆制造商洛纳（Lohner）看，想取得他的投资支持。正巧洛纳也一直在研制电动汽车，只是受技术条件的限制而未能成功。找上门的设计天才让洛纳欣喜若狂，立即聘用保时捷为车辆设计师。这时候费迪南德·保时捷年仅23岁。

1898年，保时捷设计的电动汽车推出，名为Egger-Lohner，又称"P1"，意为保时捷设计的第一款汽车（图2-9-2）。P1每充满一次电可行驶80千米。通过一个控制器，此车可以实现12级车速调节，其中6个前进挡、2个倒挡和4个制动挡。

洛纳对保时捷的设计非常满意。1899年9月28日，保时捷亲自驾驶这辆电动汽车在柏林公路赛中获得了胜利，并且领先第二名18分钟。1900年，这款车被送到巴黎博览会上展出，结果竟然获得展会大奖。

但洛纳和保时捷很快认识到，蓄电池驱动的汽车有两大缺点：蓄电池太重，行驶里程有限。保时捷的解决办法是：混合动力系统。

1901年，"洛纳-保时捷"混合动力汽车推出，这也是有史以来第一款混合动力汽车（图2-9-3）。这款车采用戴姆勒的汽油发动机，但它并不直接驱动车轮，而是带动发电机发电，再供电动机驱动车轮，这样就能拥有与汽油车一样长的续航里程。这是一种串联式油电混合动力汽车。此车配备了一个小型蓄电池作为备用。另外，这款车在前轴和后轴上都安装

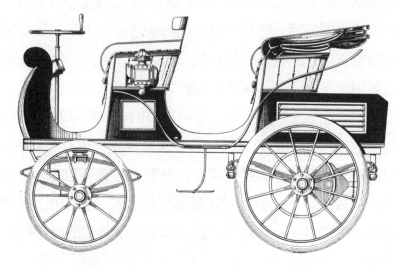

图 2-9-2　Egger-Lohner 电动汽车

图 2-9-3　保时捷设计的第一辆混合动力汽车

了电动机，都是直接驱动轮毂，从而实现四轮驱动，拥有更强的爬坡能力。

该车在保时捷的亲自驾驶下曾跑出56千米/时的最高车速。此后还打破了奥地利的多项汽车速度纪录，并赢得了一场拉力赛的胜利。一时间这款汽油-电动混合动力汽车出尽了风头。拥有此车已成奥地利上流社会的标配，订单纷至沓来，到1906年已经卖出去300多辆。

后来，电动汽车终于抵挡不住内燃机汽车的发展势头，渐渐退出了市场。然而，保时捷对他拥有专利的串联式油电混合动力系统一直情有独钟，并将它应用于火车和坦克设计上。

20世纪初期，火车过桥是很令设计师头痛的事情，桥梁的刚度和强度承载不了太多车厢的重量。保时捷用他发明的混合动力系统，轻松化解了这个难题。他用一台功率100马力的汽油发动机驱动一台发电机，通过电缆将电力传到每一节车厢轮轴上的电动机上，每节车厢都有各自的电动系统，而且想传多远都可以。而如果用传动轴来传递动力，那是如何也不可能实现的。火车的车厢可以与火车头分开，只有电缆相连。当车头过桥后，车头上的混合动力系统通过电缆向桥另一侧的车厢输送电力，各自的电动系统就可以将车厢一一带过桥。

在第二次世界大战中，费迪南德·保时捷曾奉命为德国设计虎式坦克。在他设计的坦克上就采用了他发明的混合动力系统，用发动机带动发电机，再由电动机驱动坦克前进。虽然他的设计方案没被完全采用，但也说明费迪南德·保时捷对他发明的混合动力系统是多么喜欢。

第10章
现代汽车设计的起点：迈巴赫/1900

用他的经典设计，来划分汽车时代。

1900年11月，全新戴姆勒35HP车型，也是第一款"梅赛德斯"汽车，一经亮相即震动车坛。它的很多反常设计竟成为今天汽车设计师们的设计原则。它的发动机放在车头，而且还用铁皮将发动机"包"起来，一改之前后置发动机的马车模式；它的底盘降低了很多，门槛很低，更方便上下车；它的前轮和后轮大小一样，还都是充气橡胶轮胎，而此前都是前轮小、后轮大，像马车那样；前照灯装在车头上，而此前都是挂在车身腰部。这些设计特征正是现代汽车的基本特征，因此这款汽车被称为第一款现代式汽车。它的设计师威廉·迈巴赫（Wilhelm Maybach，图2-10-1）也因此被誉为现代汽车设计之父。

威廉·迈巴赫于1846年出生在巴登－符腾堡州的海尔布隆。他的父亲是一位木匠。在他8岁时，他们全家搬到了大城市斯图加特。但在他10岁和13岁时，母亲和父亲先后离世，他成了一位孤儿。迈巴赫的亲戚就在当地报纸上刊登启事，希望

图2-10-1　威廉·迈巴赫

有人家能认养他。后来还是一个慈善机构收养了迈巴赫,并将他送到当地一所学校上学。这所学校的校长发现迈巴赫很有机械技术天分,就把他送到学校的工厂进行实习。15岁时,他就开始了工业设计的职业生涯,并在当地的公立高中补习物理和数学等课程。迈巴赫19岁时,已是一名合格的发动机设计师。这时他在一家公司认识了车间主任戈特利布·戴姆勒。戴姆勒非常欣赏迈巴赫,当戈特利布·戴姆勒跳槽到另一家公司时,把迈巴赫也一起带走了。1872年,当戈特利布·戴姆勒被奥托的道依茨发动机公司聘为技术经理时,他就聘任迈巴赫为道依茨公司的总设计师。此后,迈巴赫一直追随戴姆勒,充当戴姆勒最有力的助手,两人共事将近30年。

戈特利布·戴姆勒与威廉·迈巴赫共同研制了汽油发动机,并在1886年发明了四轮汽车,但直到1890年,才在两位投资人的投资下共同创立了戴姆勒汽车公司,简称DMG。迈巴赫任公司的总工程师。

1894年,迈巴赫研制出一台四缸发动机,并应用在戴姆勒公司制造的"凤凰"汽车上,见图2-10-2,这也开创了四缸发动机在汽车上应用的新时代。然而,到了世纪之交的1900年,迈巴赫却遇到了三大挫折:一是他十几岁的二儿子阿道夫患了精神分裂症,在精神病院度过了他的余生;二是他追随将近30年的合作伙伴戈特利布·戴姆勒因心脏病去世;

图2-10-2 戴姆勒"凤凰"汽车

三是在法国举行的尼斯到拉特比的汽车爬坡赛中，戴姆勒公司的一位技术支持人员，在驾车过弯时发生了翻车致命事故。此事故对戴姆勒公司的负面影响很大，戴姆勒公司从此对赛车运动采取了保守消极的态度。

然而，当事赛车手埃米尔·杰利内克却不认可戴姆勒公司的这种消极态度。他是一位奥地利商人，主要在法国尼斯销售戴姆勒汽车。尼斯是度假胜地，也是富人的聚集地，因此每年都要举办汽车赛。杰利内克当年购买了两辆戴姆勒"凤凰"汽车参赛，见图2-10-3，那位技术支持人员就是辅助他参赛的，也是驾驶他的戴姆勒汽车出事的。

图2-10-3　戴姆勒"凤凰"赛车在1900年的尼斯赛车周上

杰利内克认为，"凤凰"汽车的高重心设计是导致翻车事故的主因，戴姆勒需要性能更好的新车型，不仅发动机要轻，轴距还要更长，重心也要更低。为了表明诚意，杰利内克一口气订购了36辆戴姆勒的新汽车，总价值55万马克。

36辆在当时绝对是个大单，差不多是戴姆勒公司一年的产量了。正处困难时期的戴姆勒公司，很快与杰利内克签订了购车协议。然而，购车协议中还附带两个条件：一是从1900年4月起，杰利内克成为戴姆勒汽车在奥匈帝国、法国、比利时和美国的总经销商；二是在这些地区要以他女儿"梅赛德斯"（图2-10-4）的名字销售。杰利内克曾说："对于非德国人来说，戴姆勒这个名字很难接受。"

针对杰利内克提出的设计要求，戴姆勒公司认真对待。作为总工程师的迈巴赫，对原来的"凤凰"车型进行全面升级换代。按照杰利内克的要求和意见，从发动机、变速器到底盘、制动、车架等都重新设计，甚至在轴承上还使用了镁铝合金。重新设计的发动机，重量减轻了很多。在后轮上安装了制动鼓，不仅通过手动控制杆可以操作，而且增加了一个脚制动踏板，使制动更及时、有力。新车型内部型号为戴姆勒35HP，并在1900年11月亮相。

图2-10-4　杰利内克的女儿梅赛德斯

1900年12月，第一辆冠名"梅赛德斯"的戴姆勒35HP（图2-10-5）交付给杰利内克。几个月后，在1901年尼斯赛车周的多项比赛中，"梅赛德斯"就获得了四个冠军和五个亚军，使得"梅赛德斯"的销量大增。

戴姆勒公司自推出"梅赛德斯"后起死回生，因此戴姆勒公司在1902年决定，从此以后，将所生产的全部车型都用"梅赛德斯"来命名。

虽然迈巴赫设计出了挽救公司命运的"梅赛德斯"，但自从戈特利布·戴姆勒去世后，他在公司中的地位就随之下降，最后竟把他打发到一个所谓的"发明家办公室"中，实际上这是一个闲职。迈巴赫一气之下，于1907年离开了戴姆勒汽车公司，和儿子卡尔·迈巴赫一起自主创业制造迈巴赫牌汽车去了。此时迈巴赫61岁。

图2-10-5　梅赛德斯35HP汽车

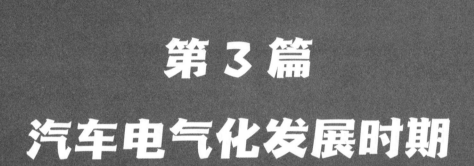

第 3 篇
汽车电气化发展时期

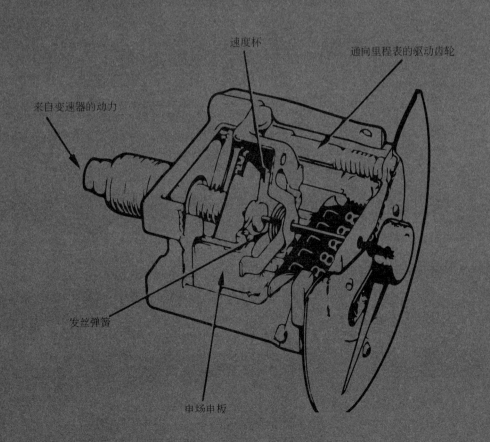

第1章
火花塞的发明：博世/1902

> 火花一闪，点燃世界汽车。

那是1901年12月末的一个寒冷的日子，在德国一家小作坊里，有几位敬业的工人正在干活。老板罗伯特·博世（Robert Bosch，图3-1-1）是一位30岁的男子，胡子好几天没修剪了，头发也乱，发际线很靠后，看样子他很疲惫。他弯着腰盯着实验台上的实验，旁边站着他那才华横溢的助手戈特洛布·霍诺德（Gottlob Honold，图3-1-2）。霍诺德的父亲与博世的父亲是朋友，霍诺德加入博世的小公司还不到一年，但已是这里的首席工程师。

图3-1-1 罗伯特·博世

图3-1-2 戈特洛布·霍诺德

今天这个实验也是由他主导的。

突然，眼前一闪，实验台上爆发出一个强烈的火花，眨眼之间一项改变汽车业的发明出现了，世界上第一个可以商业应用的火花塞诞生了。1902年，博世为他们发明的火花塞和高压磁电机点火系统申请了专利。

1861年，罗伯特·博世出生在德国西南部的一个小村庄，在12个孩子中排行11。小罗伯特是个充满好奇和自信的男孩，当他的父亲问他中学毕业后是否想成为一名精密机械师时，小罗伯特给出了一个冷静而镇定的回答："是的，我当然喜欢。"

在获得熟练工人证书后，罗伯特·博世离开了他的小镇，踏上了去外地打工的征程。他先去了科隆，他的哥哥卡尔在那里做管道生意。他后来说，为了搞懂技术术语，他还去了斯图加特的一所技校进修。1884年春，罗伯特·博世漂洋过海前往美国，曾在爱迪生的工厂干过一段时间。两年后，24岁的博世回到了德国，他利用继承的一份遗产为启动资金，在斯图加特创办了自己的公司，名为"精密机械和电气工程工作室"。这实际上就是个修理铺，修理从电话到电报的一切电器和机械工具等。

罗伯特·博世的修理铺开始时仅有两名员工，随着业务的增加，其规模不断扩大。1897年的一天，一位客户上门求助，询问能否制造一种可靠的内燃机点火系统。

这对博世的小公司是一项巨大的挑战，他们还没有自己的产品，甚至连个logo（标志）都没有。罗伯特·博世认为这是提升自己公司知名度的极佳机会，于是就斗胆接下了这个挑战。他们借鉴道依茨公司一种还不太成熟的内燃机点火系统，并做了突破性的改进，最终发明了低压磁电机点火系统（图3-1-3），并成功地安装在一辆法国布通(De Dion-Bouton)三轮汽车上（图3-1-4），就此解决了内燃机点火系统这个难题。随后博世公司的低压磁电机点火系统被一些发动机制造商采用，包括戴姆勒发动机。

博世公司正是借助低压磁电机点火系统，才开始走上了企业帝国之路。如今博世的logo就是由磁电机中的横切面结构演绎而来。

然而，随着发动机的转速越来越高以及多缸发动机的出现，采用断路

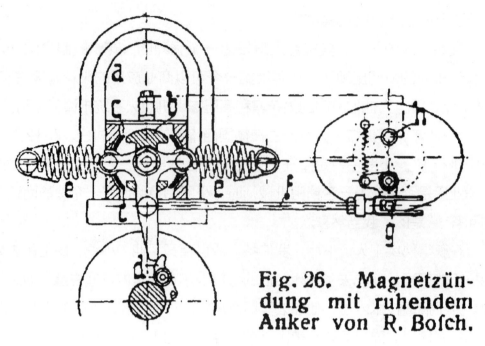

(a)

(b)

图 3-1-3　低压磁电机点火系统

触点方式的低压磁电机点火系统已不能满足内燃机的技术要求，必须将其高压稳定地引入燃烧室，作为点燃混合气的热源。这就必须使用一种既有绝缘部分又有导电部分的装置，这就是本文开头介绍的博世发明的火花塞。

就像许多发明一样，到底是谁最先发明了火花塞存在争议，但罗伯特·博世和戈特洛布·霍诺德共同发明的高压磁电机和火花塞点火系统

图 3-1-4　装有低压磁暖电机点火系统的布通三轮车

（如图 3-1-5），是最先商业化的稳定可靠的内燃机点火系统。现在的发动机只不过是将磁电机换成了高压点火线圈。

那么，可能你还会问，那在 1897 年以前的内燃机又是采用怎样的点火方式呢？

最早的内燃机点火方式是德国威廉·贝尼特(William Banett)于 1838 年发明的火焰点火法。火焰是从汽缸外部通过旋转洞口引入燃烧室的，然后点燃汽缸内的可燃混合气。其实这才是真正的"点火"呢。

罗伯特·博世的公司从汽车点火系统起家，不仅在电动工具、家用电器等行业成为佼佼者，而且在汽车行业的发动机电控技术、燃油喷射技术、电子安全技术等方面都是领导者。罗伯特·博世于 1942 年去世，享年 81 岁。他的生命之火虽已熄灭，但从博世作坊爆发的一个火花却依然明亮，是仍在点燃亿万辆汽车的动力之源。

图 3-1-5　高压磁电机和火花塞点火系统

火花塞是怎样产生火花的？

火花塞的作用是在规定的时刻产生强烈的火花点燃可燃混合物。火花塞的插头连接到由点火线圈或磁电机产生的高电压，在火花塞的中心电极和侧电极之间产生电压。由于燃料和空气在间隙中是绝缘体，所以最初电极间没有电流。但随着电压的进一步升高，达到上万伏时，间隙的气体就被电离。电离后的气体成为导体，允许电流通过电极间的空隙，就像是闪电一样，形成放电现象，从而产生火花，点燃汽缸内的可燃混合气。

第 2 章

车速表的发明：舒尔茨/1902

不知道汽车跑多快，后果很严重。

说到汽车速度表（车速表）的发明时，总要先提起一个小故事。1896年1月28日，在英国肯特郡的帕多克伍德，一位名叫沃尔特·阿诺德的人驾驶一辆汽车"风驰电掣"般穿过小镇，其实他的车速只有8英里/时（约12.8千米/时），相当于人快跑的速度。然而，这个速度在当时属于严重超速。当时英国注重传统的绅士化，为了保护马车就限制汽车的发展，对汽车速度的限制是，在市区车速不能超过2英里/时(约3.2千米/时）。这个速度还没有人走路快呢。在郊区车速不能超过4英里/时(约6.6千米/时）。沃尔特·阿诺德的违法超速行为被警察发现后，警察们在后面拼命追赶，最后还是一位警察骑着自行车才将沃尔特·阿诺德拦下。此时警察已追赶沃尔特·阿诺德5英里，也就是约8千米。尽职的警察给沃尔特·阿诺德开了一张传票，后来他被传唤到法庭并被罚款1先令。这是世界上第一张超速罚单。但这事不能怪罪沃尔特·阿诺德，因为汽车速度表当时还没有发明出来，他根本无法知晓自己是否已超速。

据称，第一个汽车速度表的发明人是美国华纳电气公司的创始人A.P.华纳(A.P. Warner)，他将测量工业切割工具速度的"切割表"改造了一下，将其作为汽车上的速度测量仪。1901年，美国的奥兹莫比尔汽车率先安装了这种车速表。而一年后，也就是在1902年10月7日，德国工程师奥托·舒尔茨(Otto Schulze)获得了一项测量车辆瞬时速度的发明专利。他利用电涡流效应，成功研制出适用于道路车辆的车速表。

所谓电涡流效应是指置于变化磁场中的块状金属导体或在磁场中切割磁力线的块状金属导体，其内部将会产生旋涡状的感应电流。该旋涡状的感应电流称为电涡流，简称涡流。其实这也是电磁感应现象，由磁场感应出电流。

舒尔茨在车速表设计中，设置了一根柔性线缆，线缆的一端与变速器的输出端（或与车轮）相连，另一端与一块永磁体相连并设置在车速表中，磁铁放置在一个金属罩（又称速度杯）中。磁铁与速度杯之间没有连接，如图3-2-1、图3-2-2所示。

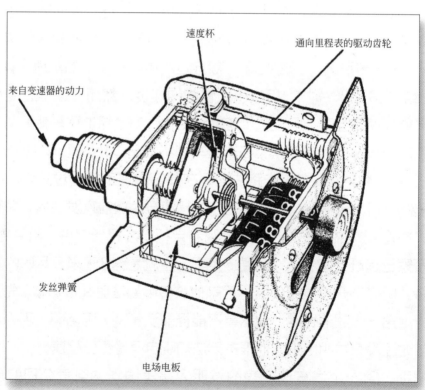

图 3-2-1 电涡流效应车速表构造图

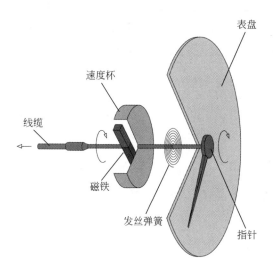

图 3-2-2　电涡流效应车速表原理示意图

当汽车行驶时，柔性线缆就会带动速度杯中的磁铁旋转，转动的磁铁会在速度杯中感应出电涡流。这时候的速度杯就相当于一种发电机。再根据楞次定律，感应电流就会反抗使它感应的原因，这将使速度杯随电涡流的变化而转动。汽车的速度越大，磁铁的转速也越大，速度杯试图转动的速度也就越大，表针在表盘上所指示的数字也就越大。这样表针指示就能体现车速的大小。当汽车突然减速或停止时，磁铁也会迅速减速或停止转动，速度杯停止转动，在回位弹簧的作用下，速度杯和表针移回初始位置，这意味着车速归零。

其实，舒尔茨发明的电涡流车速表，与异步感应电动机的原理非常相像。磁铁相当于转子，速度杯相当于定子，只不过感应电流比较小，速度杯又受弹簧约束，因此速度杯上的指针的转动幅度非常小，只能称为摆动。但这个摆动幅度与电涡流、车轮转速和车速都成正比，因此也就能用来指示汽车行驶的速度。

这种电涡流式的车速表存在较大的误差，因此为了避免"无意识"地超速行驶，英国曾规定，车速表指示的速度必须大于实际车速，但最大不能超过实际车速的110%+2.5英里/时。即使到了今天，所有汽车上的车速表指示也都略大于实际车速。

现在的汽车都使用防抱死制动系统（ABS）中的轮速传感器作为测量

车速的基本工具。轮速传感器安装在车轮里侧的底盘固定件上。车轮每转动一圈，传感器就会发出一个脉冲信息。此脉冲信息通过数据总线传递给控制电脑，电脑将脉冲信息转换成车速并显示在仪表盘上。轮速传感器的信息还被用于其他方面，例如触发防抱死制动系统、牵引力控制系统、车身稳定控制系统等，还可以用它计算平均车速、行驶里程、平均油耗等。甚至还可以通过比较四个车轮的转速而判断出轮胎是否漏气了，如果某个车轮的转速高于另三个车轮，那个车轮上的轮胎就可能漏气了。

第 3 章
顶置气门的设计：别克/1903

改变呼吸方式，会更痛快吗？

1904年7月的一天，在美国弗林特市与底特律市之间的道路上，一辆别克牌汽车正在进行道路测试。名为别克B型的测试车辆和所搭载的发动机，都是由大卫·别克（David Buick，图3-3-1）研制的，并且配备了由大卫·别克领导发明的顶置气门等多项先进技术。测试车辆由两位试车手配合驾驶，一位是别克公司的首席工程师，另一位是大卫·别克的长子汤姆。这是别克公司举行的第一次公开路试，目的是向人们证明别克汽车的卓越性能，吸引人们掏钱买车。

图3-3-1 大卫·别克

不幸的是，测试途中下起了大雨，当时都是土路，泥泞的爬坡路面是对他们的最大挑战。两位试车手密切配合，用217分钟跑完了184千米的往返全程。这次成功的路试坚定了人们对别克汽车的信心，一下子就获得了17辆汽车订单。

大卫·别克于1854年出生在英格兰，两岁时随家人一起移民到美国底特律。15岁时离开学校，到一家生产水管的工厂打工。在他28岁那年，所在的公司陷入困境，他就与人合伙接管了这家公司，继续从事金属浴盆和水管的生产。在这个时候，大卫·别克开始展现他作为一个发明家的潜力，搞出了许多发明创新，包括草坪洒水器、搪瓷浴缸等。

没过多久，大卫·别克突然对内燃机产生了兴趣。当时的内燃机行业是个新兴行业，充满希望和未知。别克开始专注于内燃机，甚至都不太照管他们公司的生意了，这引起公司合作伙伴的不满，导致两人散伙，公司也被出售。这举动正合大卫·别克的心意，他现在可以把时间和资金都投入到发动机的研制中去。1899年，45岁的大卫·别克成立了一家新公司——别克汽车和动力公司。但这个时候他只是生产双缸侧置气门船用发动机。两年后，不善经营的大卫·别克把投资都花完了，却没有制造出一辆汽车。他的公司随之关门大吉。

不久，大卫·别克又成立了一家别克制造公司，准备制造汽车发动机并向其他汽车公司出售。然而不到一年的时间，他的钱又花光了。看来大卫·别克只是一位工程师，在经营方面没有天分。正在这时候，大卫·别克的一位朋友愿意投资，他们在1903年合伙成立了一家公司。虽然叫别克汽车公司，但大卫·别克并不是老板，他只占3%的股份。

1903年，大卫·别克研制出第一辆原型车。在研制汽车的过程中，他采用顶置气门设计（图3-3-2），将进气门和排气门都设置在汽缸盖上。而此前的发动机都是将气门设置在汽缸侧面，称为侧置气门。相比侧置气门，顶置气门的升程量受到的限制较小，从而可以提升充气效率，增强发动机的动力。自从别克的顶置气门出现后，渐渐就看不到侧置气门发动机了。现在的汽车发动机都是采用顶置气门设计。

虽然大卫·别克设计的汽车很先进，又冒雨做了一次公开路试，但叫好不叫座，推出一年后只卖出去37辆。此时前期投资也花光了，公司陷入困境。别克公司的老板只好找人接手。正巧，马车制造商威廉·杜兰特正欲进入汽车业却苦于无门，他有才、有钱、有销路，更有野心。1904年11月，杜兰特把别克公司收入囊中。

杜兰特确实很有经营才能，收购别克后立即制造新车型，并组织别克

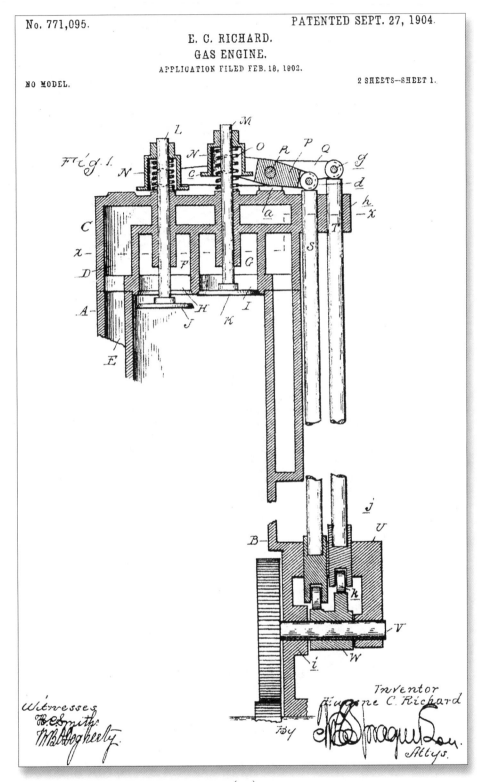

(a)

图 3-3-2

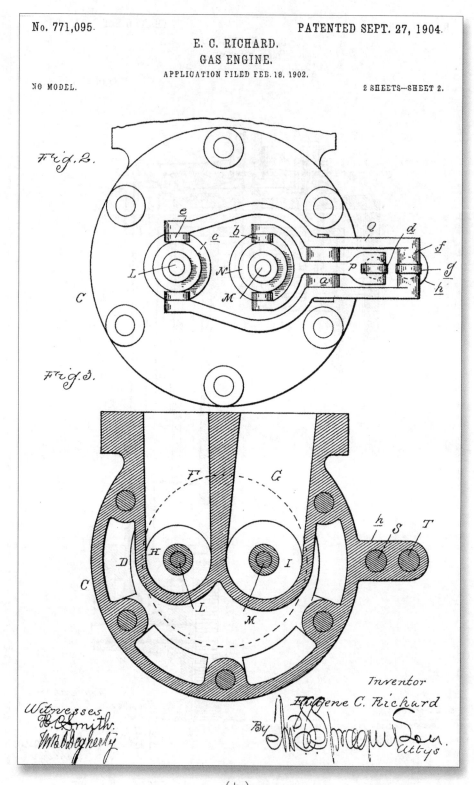

(b)

图 3-3-2 别克顶置气门专利图

汽车参加1905年的纽约车展，很快就收到上千辆汽车的订单。到1908年，别克汽车的年产量达到了8820辆，超过了福特和凯迪拉克，一跃成为美国汽车产量最高的公司。杜兰特后来正是以别克公司为基础，收购了好几家汽车厂，成立了庞大的通用汽车公司。

1906年，大卫·别克以10万美元的价格把持有的股份卖给了杜兰特，然后就被辞退了，离开了以自己名字命名的公司。大卫·别克此后一直不走运，他拿着卖股份的钱去投资加州石油和佛罗里达地产，都赔得一塌糊涂。后来又试图和儿子一起制造汽车化油器，也没有成功。晚年的大卫·别克接近破产，据说连一部电话机都买不起。1929年3月5日，大卫·别克死于结肠癌，享年74岁。他领导发明的顶置气门技术，已成了现在所有发动机的标准设计。第一辆别克汽车见图3-3-3。

图3-3-3　第一辆别克汽车

第 4 章

汽车照明电灯的出现：美国/1908

车灯的最大作用，竟是为了提醒别人注意自己。

汽车在发明初期没有专门设计的前照灯，而是像马车上的"马灯"那样挂在车身高处，并且都是煤油灯或蜡烛灯。由于灯光照度实在有限，它的最大作用不是照亮路面，而是警示其他车辆或行人注意避让自己。其实在现代城市，路灯都很亮，汽车前照灯的作用也是为了提醒别人注意自己。

也就是在汽车发明的几年后，即19世纪80年代末，一种电石灯（图3-4-1，图3-4-2）开始作为固定照明灯装备在汽车上。电石的学名是乙炔，它遇水就会发生化学反应，产生可燃烧的乙炔气体，将此气体点燃就可用来照明（图3-4-3）。

电石灯装有一个反应器，有水不断地滴到电石上，从而不断地生成乙炔气。再将乙炔气引入到灯罩中点燃即可照明。当时道路条件都不是很好，以土路和石子路居多，车辆行驶中的晃动反而让水不断地滴下，使电石灯不熄灭。因此，当车辆停下不走时，车灯就可能变暗或熄灭。更为不便的是，遇严寒天

图 3-4-1　汽车上曾用的电石灯

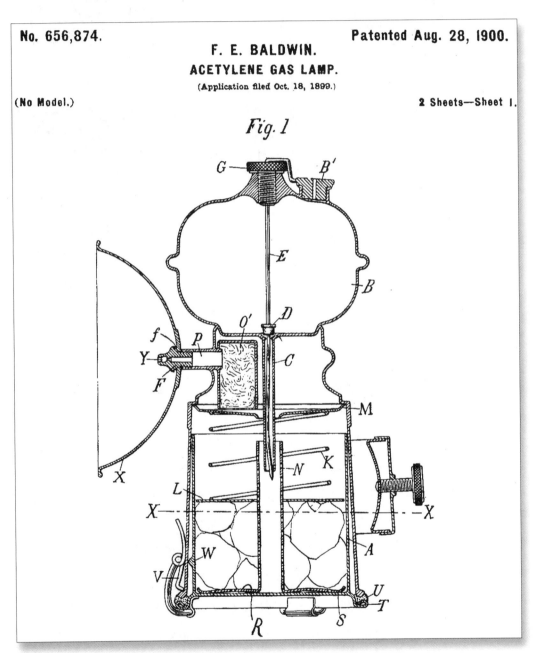

图 3-4-2　电石灯发明专利图

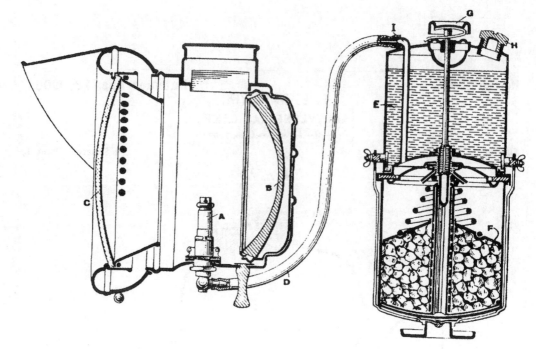

图 3-4-3　电石灯照明原理图

气时水可能结冰,电石灯就无法工作了。但即使有这样的缺点,电石灯也一直到1925年前后才被电灯完全替代。

可能会有人问了,爱迪生在1879年就发明了可实用的电灯,比汽车的发明还早呢,为什么那么晚才完全取代电石灯呢?其实,第一个汽车电灯最早出现在1898年,美国的哥伦比亚牌电动汽车率先安装了电灯。这主要是因为当时的燃油汽车还没有蓄电池,要想加装一套发电系统非常复杂,而电动汽车装有蓄电池,使用电灯照明就很方便了。

然而,早期的电灯采用炭化竹丝,也就是炭丝灯泡。炭丝很容易被烧坏,加上车辆行驶中颠簸不止,使得汽车电灯的可靠性极差。如此脆弱的电灯自然无法与电石灯竞争,没过多久,炭丝电灯就从汽车上消失了。

直到1906年,寿命更长的钨丝电灯在美国被发明,电灯在汽车领域卷土重来。但由于汽车电灯系统的成本非常高,在此后的多年内,电石灯仍然占据汽车前照灯的主导地位。

1908年,汽车上开始装备发电系统和蓄电池,电灯开始越来越多地出现在汽车上。到1911年,美国出现了有关汽车电灯的行业标准。1912年,凯迪拉克率先推出一套现代汽车照明系统,此系统包括发电机、蓄电池、电灯和控制开关等。1915年,美国的马萨诸塞州成为第一个要求所有汽车必须装备照明电灯的州。

相对而言,汽车电灯在欧洲的发展速度稍慢,拖了车灯发展的后腿,使得电石灯直到1925年左右才完全从汽车上消失。

第 5 章
福特T型车的设计：福特/1908

简单的"傻瓜"汽车，真不简单。

1896年6月4日凌晨，亨利·福特（Henry Ford，图3-5-1）和几个人悄悄地将一辆汽车推出了院子，他们要趁路上还没人时进行试车。这辆汽车的四个车轮又细又瘦，车身骨架看着就很单薄。车身部分更是简陋，几块木板遮盖着发动机和驾驶操作部分，一块木板固定在车头上。这是亨利·福特第一次测试自己研制的"四轮车"，可惜没跑多远汽车就停下不走了，只得推回去检查修理。不久，亨利·福特的汽车终于试制成功，他驾驶"四轮车"一口气跑了13千米，开到迪邦镇顺道探望了他的妹妹。

亨利·福特于1863年7月30日出生在密歇根州一个农场主家里。他从小就对机械感兴趣。有个故事流传很广，亨利·福特把茶壶嘴用东西堵住，然后把茶壶放在火炉上烧。他站在一边等候着看会出现什么情况。当然，水开后变成了水蒸气，而水蒸气无处溢出，茶壶便爆炸了，打碎了一面镜子和一扇窗户，他也被烫伤了。

亨利·福特12岁时，他父

图3-5-1 亨利·福特

亲给了他一块怀表，他就将怀表拆开再装上，反复多次，就想探究机械的奥秘。13岁时，亨利·福特与父亲乘坐一辆马车旅行，看到一台以蒸汽动力推动的蒸汽机车。这是福特第一次看到不用马拉的车子，他觉得这种机器很神奇，很酷，很厉害。

1879年12月，16岁的福特离开家乡来到底特律，先在富劳尔兄弟机器行工作，后又进入一家船坞公司工作。19岁时，他又回到农场帮他父亲种植庄稼。有一天，邻居的一台西屋公司制造的手提蒸汽机出了故障，福特被请去帮忙，辛苦了一天终于修好了这台机器。夏天过后，他便加入西屋公司，成为一名蒸汽机维修技师。

有一次，他前往底特律，首次看到以煤气为动力的新内燃机。回家后，福特兴奋地在向妻子克莱拉讲解这台机器。他认为，这种机器只要改装一下，装上轮子就可像他13岁时见到的蒸汽机车那样自己行走。从此，他开始研制两缸四冲程发动机。

1891年，亨利·福特成为底特律的爱迪生照明电气公司的一名工程师，举家迁到了底特律。又过了两年，1893年亨利·福特被提升为总工程师，从此有了足够的时间和金钱来专注于对燃油发动机的研发。工作之余，他便钻进自己的小作坊里做实验研究。后来，他又从厂里拉来几位志趣相投的伙伴，一起研究汽油发动机。

他们从一台旧蒸汽机上取下一截铁管，再切成两截，每截长28厘米，这便是汽缸。把一个3加仑大的油箱装在最上面，让汽油凭借重力自动地流进发动机。

他用一条皮带将发动机的动力先传递到一根中间轴上，然后用一条3米长的链条将动力再传到后轮上。传动带可以通过一个控制杆移动，这样就可以控制车辆变速，分别以10英里每小时或20英里每小时的速度行驶。为了操纵汽车的方向，他又设计了一个舵柄，柄端装有一个按钮，连接到车头上的一个铃铛，以此作为喇叭使用。就这样，亨利·福特的第一辆汽车在1896年研制出来，并取名为"四轮车"。

1896年，亨利·福特又制造出第二辆"四轮车"。虽然它的外形仍然很简陋，但在实际道路测试中取得了成功。又过了两年，改进后的福特第二代"四轮车"问世了。汽车性能有所提升，样子也好看了，有了带衬垫的后座、铜质的车灯和漂亮的挡泥板。

　　1899年8月，亨利·福特从爱迪生公司辞职，在一位投资商的支持下成立了底特律汽车公司，福特任总工程师。这是底特律市的第一家汽车制造公司。1900年，他们只生产了12辆新车，但汽车的性能和质量实在太差，没人愿意买，不久公司就倒闭了。

　　1901年10月，在另一位投资商的支持下，亨利·福特又成功研制出一辆26马力的汽车，随后他就联合几个股东成立了亨利·福特汽车公司。这次的合作也不好，矛盾越来越深，最后迫使亨利·福特离开了以自己名字命名的公司。福特走后，这家公司不好意思再用亨利·福特的名字了，就改名为凯迪拉克汽车公司。

　　1902年，在一位煤炭商人的支持下，福特又成立了一家福特汽车公司，亨利·福特担任总经理。开始的几年，福特汽车的生产和销售非常一般。直到1906年7月，福特宣布要让平民大众也能购买汽车，这就促成了大名鼎鼎的T型车的诞生。

　　1908年10月，经过两年的研制，一种结构简单、操作方便的福特T型车（图3-5-2）上市。它有许多技术和设计都是开创性的，具体如下：

图3-5-2　福特T型车

① 方向盘设置在左边。福特开创了左侧驾驶设计，而之前汽车的方向盘都在中间位置。

② T型车的换挡操作通过三个踏板即可完成，左侧是切换高挡位和低挡位的离合器踏板，中间是倒挡，右则制动踏板，如图3-5-3。T型车也没有油门踏板，而是用方向盘后的一个手柄控制油门。

图 3-5-3　T型车的三个踏板

③ 可拆卸的汽缸盖设计，汽缸与缸体集成一起整体铸造。这两项设计都是开创性的，至今发动机仍是如此设计制造。在T型发动机出现之前，汽缸盖和缸体被铸成一体，而汽缸则用螺栓固定在曲轴箱上，这给维修带来不便。

④ 采用高强度的钒钢制造主要部件，如曲轴、车轴和车桥等。

⑤ 全封闭式传动系统。T型车开创性地将发动机、飞轮、变速器和万向节的底部包裹起来。

⑥ 改装方便。只需要一些工具和一点时间，T型车就可以变成野营车、便携式锯木机、谷物脱粒机和运动赛车等。汽车历史学家认为，如今价值数十亿美元的汽车改装市场，就是由T型车开创的。

T型车是革命性的，因为它将当时罕见的可靠性、坚固性、实用性和经济性集成于一辆汽车上，而且价格非常实惠。这是以前其他汽车没有做到过的。T型车的驾驶控制被设计成任何人都可以轻松地操作它。这一点很重要，因为1908年以前很少有人开过汽车。仅一年，福特公司就卖出去一万多辆T型车。到第一次世界大战结束后，美国道路上行驶的汽车有一半都是T型车。

第 6 章
公路机器专利案的纠纷：塞尔登/1911

真的吗？一位律师"发明"了汽车。

众所周知，德国人卡尔·本茨在1886年获得了汽车发明专利权。然而，在9年之后的1895年11月5日，美国专利局却批准了乔治·塞尔登（George B.Selden，图3-6-1）的"公路机器"发明专利（如图3-6-2），使塞尔登大发专利财，并引起了持续16年的争吵。

实际上，塞尔登的职业并非发明家，他不怎么懂汽车技术，他只是一名律师。他从未根据自己的专利制造出一辆汽车。但塞尔登非常聪明，他曾在耶鲁大学学习法律，毕业后进了他父亲的律师事务所。

塞尔登嘴皮子非常好使，他很会"纸上谈兵"，把他的"公路机器"发明专利描述得绘声绘色，几乎包括了汽车技术的方方面面。在

图 3-6-1　乔治·塞尔登

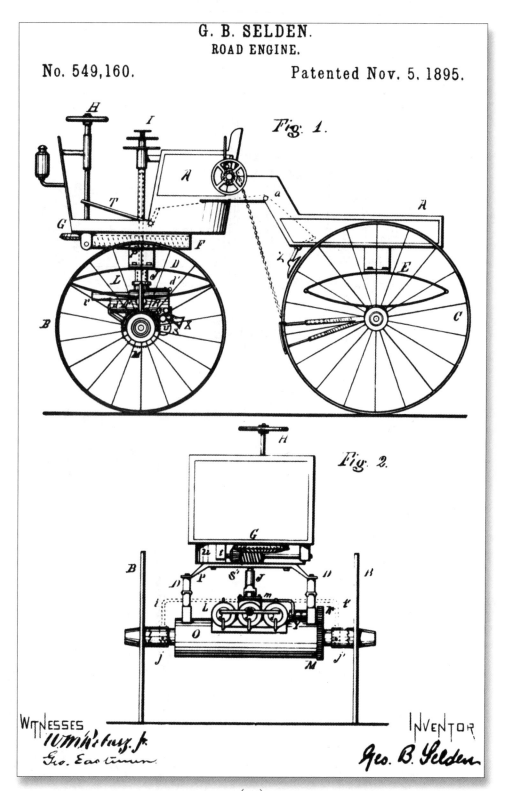

(a)

图 3-6-2

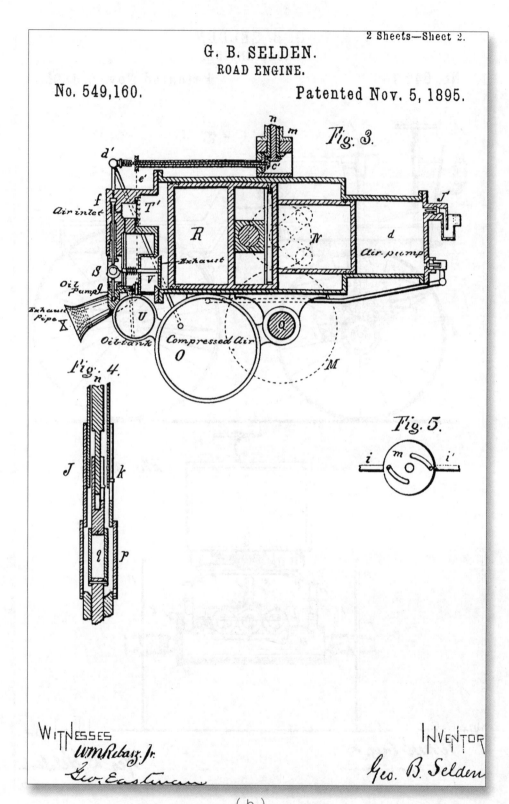

(b)

图 3-6-2 乔治·塞尔登的"公路机器"发明专利图

专利介绍中写道："公路机器包括一个由驱动轮和转向机构组成的可变速的行驶系统，一台有一个或多个汽缸的带压缩比的汽油发动机，一个装液体燃料的容器，一个可使驱动轮旋转的驱动轴，一个位于中间的离合器或其他脱离装置，一个用于运输人员或货物的车厢等。"

塞尔登声称，他的设计灵感来自于1876年费城一百周年博览会上看到的一台内燃机，因此他开始设计一款四轮汽车，并在1878年取得成功。这比卡尔·本茨的汽车专利还要早8年呢。他还说，虽然在1879年他就提出了专利申请，但由于后来他对专利技术又进行了一系列修改，从而延长了法律程序，导致在1895年11月5日才被授予专利。

1899年，塞尔登把专利权卖给了威廉·惠特尼。然后，两人一起向其他汽车制造商收取专利费，每生产一辆车提15美元专利费，最低年费5000美元。

汽车制造商们肯定不干，就联合起来成立了一个组织，叫美国特许汽车制造商协会，然后以组织的名义与那两人谈判。最后竟然达成了协议：美国特许汽车制造商协会按所出售汽车销售额的0.75%，向塞尔登和惠特尼付专利费。

然而，只有福特汽车公司一家拒付专利费。亨利·福特不认可塞尔登所谓的发明专利。1903年6月，亨利·福特在报上公开批评"公路机器"专利："那个专利并不涉及现实中的任何机器，根据它也造不出任何实际的东西，现在不会，将来也不会。"

1908年10月，福特公司推出的T型车很畅销，效益剧增。一年后，福特公司被塞尔登告上法庭。福特公司只好与塞贝登对簿公堂，积极抗辩。塞尔登的专利侵权案在当时报纸上大量报道，塞尔登竟然获胜了。法官在判决中写到，塞尔登的专利有效，并且涵盖所有由汽油发动机驱动的汽车。福特公司当然表示不服，在支付了35万美元的保证金后又提出上诉。

1911年1月10日，经过艰苦辩论，福特公司这次打赢了官司，理由是福特汽车上使用的发动机，不是基于塞尔登专利中所描述的二冲程发动机，而是基于奥托发明的四冲程发动机。这一戏剧性的判决，实际上宣告塞尔登的"公路机器"专利作废了。

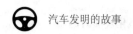
汽车发明的故事

第 7 章
自动起动器的发明：凯特林/1912

一场事故后，汽车上的摇把不见了。

1908年冬天，美国密歇根州贝尔岛，寒风刺骨，一位妇女驾驶凯迪拉克汽车在一座木桥上抛锚了。由于冬天异常寒冷，这位妇女的手脚冻得僵硬无法用手摇曲柄启动发动机。这时拜伦·卡特驾驶凯迪拉克汽车恰好路过木桥。拜伦·卡特是美国汽车工业的先驱之一，他曾创立了两家汽车公司，他也是凯迪拉克汽车总裁亨利·利兰的朋友。拜伦·卡特看到这位女士手足无措，就赶紧停车，热情地前去帮忙。

当时启动汽车都使用一个手摇曲柄，俗称"摇把"，用它摇转发动机曲轴，进而带动活塞上下运动，使汽缸慢慢开始工作，最终启动发动机。这种摇动操作的危险性比较高，摇动失败时发动机会产生回火现象，发动机曲轴反转。如果这时摇把不能及时脱离，反转的曲轴就会带动摇把反转，往往会打伤人。事实上，当亨利·福特普及他的廉价T型车时，美国医生为这些摇把伤害创造了一个新术语"福特骨折"。

拜伦·卡特这次就出事了，摇把反转打在他的脸上，当即头破血流，送医院后抢救无效死亡。

这消息一传出，震动极大，使得凯迪拉克汽车的声誉一落千丈。凯迪拉克公司的总裁亨利·利兰非常着急，他为此召集技术人员开会，要求全力研制汽车自动起动器。

110

然而年过去了，凯迪拉克公司仍没有弄出个名堂来。亨利·利兰在万般无奈之下，将目光转向公司之外的研发力量。

亨利·利兰打听一圈后认为，德尔科电气公司的查尔斯·凯特林（Charles F. Kettering，图3-7-1），最有可能研制出自动起动器。凯特林曾开发出第一部配有电机的收银机，可以自动打开收银机的抽屉。后来凯特林又与人合伙成立了研究室，专注于汽车电气技术的研发，并曾研制出汽车电池点火系统，此系统包括蓄电池、稳压器、发电机等。

图 3-7-1　查尔斯·凯特林

凯特林接到亨利·利兰的重托后，很快就在1911年2月开发出实用有效的自动起动器。自动起动器由一个电机和一个电磁离合器组成。当驾驶人转动点火钥匙时，就接通了起动电机和电磁离合器的电源，电机开始转动，电磁离合器则推动电机的小齿轮与发动机飞轮接合，飞轮带动曲轴转动，进而带动活塞上下运动，使发动机点火启动。然后，驾驶人松开点火钥匙，电磁离合器和电机断电，电机小齿轮在复位弹簧作用下与飞轮脱离。查尔斯·凯特林发动机起动器专利图如图3-7-2所示。

这种自动起动器率先安装在1912年款的凯迪拉克30型汽车上，只要扭转钥匙就能启动发动机，再也不需要摇把了。凯迪拉克趁机在报纸上大肆宣传这项发明（如图3-7-3），它的广告语也非常简单："此车不需要摇把。"

汽车发明的故事

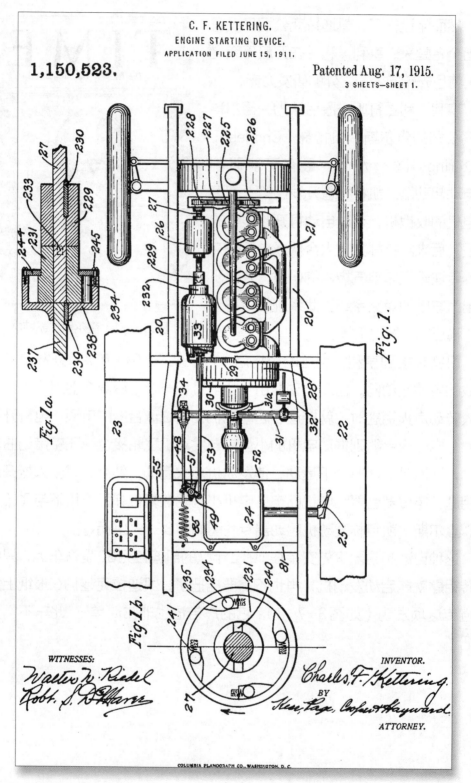

(a)

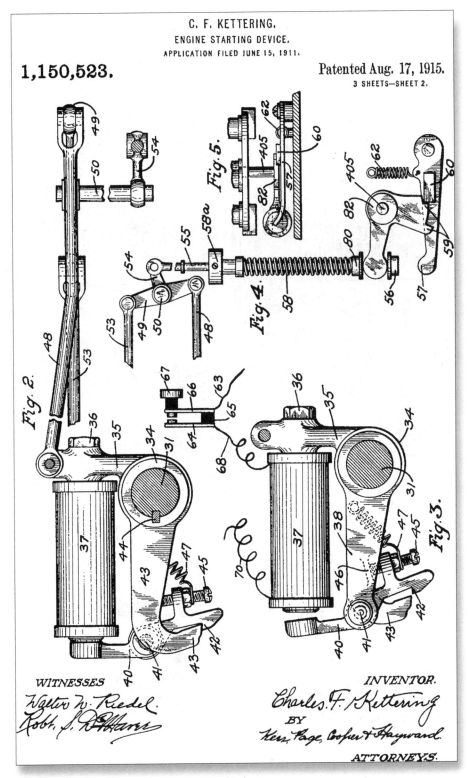

(b)

图 3-7-2

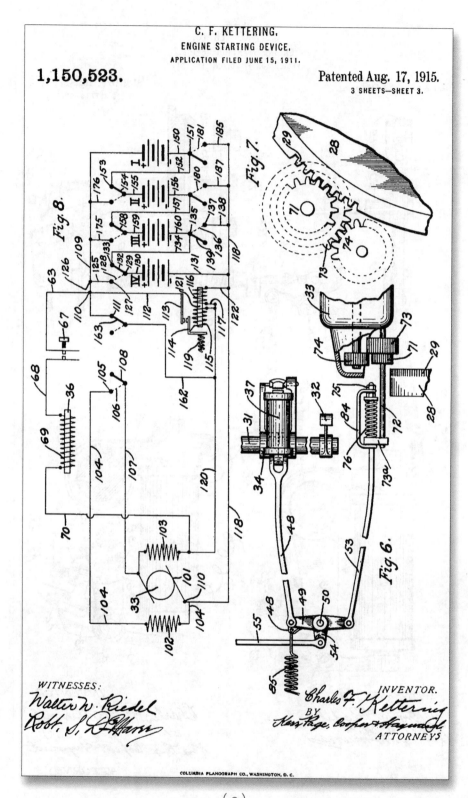

(c)

图 3-7-2 查尔斯·凯特林发动机起动器专利图

图 3-7-3　凯迪拉克 30 型汽车广告 "这车没有摇把"

现在一些汽车只要按一下按钮就能起动发动机，甚至远程起动，但起动器的构造和原理，与凯特林的自动起动器相比并没有什么大的改变。

第 8 章
装配流水线的发明：福特/1913

源自屠宰场的灵感，改变了世界汽车业。

1913年10月7日，福特公司建造了一条简陋的T型车总装线。这条45米长的装配线由绞车用绳子拖着底盘慢慢移动。当底盘移动到工人面前时，140名装配工人就在底盘上安装部件。当下一个底盘移动过来时，工人重复刚才的装配操作。底盘移动而人并不移动，当一个底盘移动到装配线终点时，一辆新车就下线了。

据传，装配流水线的灵感源自一位到屠宰场参观的装配工人。当他看到屠宰场的工作场面时很是吃惊。他发现干活的工人基本上站在岗位上不怎么移动，而挂满牛肉的工作台却不停地移动，而且基本只重复做一个工序。这与他自己的工作方式太不一样了。他为了装配汽车，必须在汽车周围来回走动，而且要完成多个不同的装配工序。显然屠宰场的工人要比自己轻松多了，而且屠宰场的工作效率看起来要比福特车厂高多了。

于是这位工人就把他在屠宰场看到的情况告诉了工长。工长也觉得人家的工作方式非常好，自己管理起来也更省事，于是又向亨利·福特报告，建议改成屠宰场的装配方式。亨利·福特一开始不以为然。但后来T型车的销售实在是太好了，供不应求，急需提高产量。经深思熟虑后，1913年，亨利·福特决定为T型车特别新建一个像屠宰场那样的流水线工厂，可以连续不断地装配汽车。从此，装配流水线就成了大批量生产的标准模式,而且并不局限于汽车业。

福特把T型车的制造流程分成45个步骤,所要装配的底盘、车身等部件由传送带驱动,工人在自己的工位上就可以完成装配任务,如图3-8-1。经过不断的试错和改进,最后将T型车的生产时间由12个半小时缩短到93分钟,生产效率差不多是原来的8倍。

(a)

(b)

图 3-8-1

(c)

图 3-8-1　福特 T 型车装配流水线

由于装配线的前进速度比油漆的干燥速度还快,这样油漆的干燥问题就成了瓶颈。当时只有日本黑色漆干燥得最快,因此就放弃了之前的各种颜色,只生产黑色的 T 型车,直到 1926 年一种快干的油漆问世,才开始有其他颜色的 T 型车生产。亨利·福特在他的自传中却说,"之所以 T 型车都是黑色的,是为了让顾客可以把车重新漆成任何他想要的颜色。"

装配流水线的应用获得了巨大成功,福特 T 型车的销售价格由最初的 825 美元降至 259 美元,数百万美国家庭从此拥有了第一辆汽车。同时,福特将工人工资由每天 1.5 美元提升至 5 美元,将工作时间从每天 9 小时减少到 8 小时,每周工作 5 天。这样一算,福特公司的工人用两三个月的工资就可以买一辆 T 型车。

到 1919 年底,福特汽车产量占美国汽车总产量的一半。装配流水线改变了整个美国甚至世界的汽车产业,甚至诞生了特指大规模生产与高工资相结合的"福特主义",并蔓延到世界各地的其他行业。很快,就连年产量只有几百辆的小型汽车公司,也开始尝试安装装配流水线。而没有装配流水线的汽车公司,纷纷倒闭了。

T 型车的生产一直持续到 1927 年,总产量高达 1500 万台。这个纪录保持了 45 年才被大众的甲壳虫汽车打破。

第 9 章
铝合金活塞的发明：宾利/1913

一个铝制镇纸，成就了一位发动机专家。

1912年，沃尔特·宾利（Walter Bentley，图3-9-1）和他哥哥合伙做进口汽车的生意。由于对所进口的法国DFP汽车的性能不满意，他开始琢磨怎么改进它。一个偶然的机会，他在别人的办公桌上看到一个铝制的镇纸，个头不小但拿在手里感觉很轻。他由此受到启发，觉得用这种轻质材料制造发动机活塞应该比钢或铸铁更好，具有较小的运动惯性，可以减少能量消耗。随后他就开始研制铝制活塞。

铝材料虽然比钢轻，但它的强度却比钢差，而活塞要承受高温、高压，还要抗磨损，必须拥有较高的强度和刚度才可以。1913年，为了提高活塞强度，防止其在高温下熔化，沃尔特·宾利尝试研制一种新的铝合金。经反复试验，最终采用88％的铝和12％的铜，制造铝铜合金活塞。经试验证明，这样的活塞不仅重量轻，形变小，而且强度高，可以提高发动机的动力输出，可以改善冷却，允许采用更大的压缩比并可以提高发动机的转速。同时，沃尔特·宾利还改进了发动机的凸

图 3-9-1　沃尔特·宾利

轮轴，使汽车的性能得到明显提高，并于1913—1914年间在英国布鲁克兰兹赛道上创造了好几项英国纪录。从此，沃尔特·宾利依靠铝合金活塞成为发动机专家。

第一次世界大战爆发时，沃尔特·宾利认识到铝合金活塞还可以应用在军事上，可以为国家装备技术提供一些支持。为了推广铝合金活塞技术，他在广播电台上介绍他的发明技术，并为皇家海军和发动机制造商牵线搭桥，希望用他的技术制造飞机发动机。

后来，英国皇家海军资助他成立研发团队，并在1916年研制出BR1型航空发动机，随后在1918年推出更强大的BR2型航空发动机。沃尔特·宾利因此而获得大英帝国勋章。

第一次世界大战结束后，沃尔特·宾利和他哥哥成立了宾利汽车有限公司，准备自己生产汽车。他们利用战争期间获得的航空发动机技术，聘请汽车技术专家，决心制造以宾利命名的高性能跑车。沃尔特·宾利的目标是：制造同级别中最快最好的汽车。

1920年1月，第一辆宾利原型车开始路试。它采用宾利自主研制的3.0升发动机。1921年9月，宾利汽车一上市即获得可靠耐用的好名声。沃尔特·宾利积极促使宾利汽车参加各种比赛，并取得不错的成绩。受参赛成绩的鼓励，宾利汽车于1923年首次参加勒芒24小时耐力赛并获得第四名。1924年，宾利在勒芒大赛上勇夺冠军（图3-9-2），从此宾利汽车声名大噪。

然而，在随后的1925年和1926年两年，宾利赛车在勒芒大赛中都没有完赛。但沃尔特·宾利并不气馁，反复改进后继续参加勒芒大赛，并在1927—1930年奇迹般地获得四连冠（图3-9-3）。宾利汽车创造了勒芒大赛的神话。

1930年10月，宾利公司推出专门为超级富豪设计的8.0升车型。虽然卖出了100辆，但当经济大萧条来到欧洲时，宾利汽车公司再也

图3-9-2　1924年沃尔特·宾利中与勒芒大赛冠军车手

图 3-9-3　1929 年宾利赛车获得
勒芒大赛冠军的宣传海报

扛不住了，负债累累，于1931年进入破产清算。后来劳斯莱斯公司以12.5万英镑的价格买走了宾利，包括展厅、服务站，还有沃尔特·宾利本人。根据收购合同，沃尔特·宾利必须在劳斯莱斯工作到1935年4月才可以走人。为了避免沃尔特·宾利对设计生产经营的干扰，公司就经常安排他到外地试车，甚至到欧洲大陆进行汽车长途测试。

1935年4月，工作合同到期，沃尔特·宾利迫不及待地离开了劳斯莱斯公司，以技术总监的身份加入了英国拉贡达汽车公司。沃尔特·宾利后来从收购拉贡达的阿斯顿·马丁公司退休，于1971年去世，享年83岁。他创立的宾利汽车，现在已是世界顶级豪华轿车品牌。

第 10 章
雨刮器的发明：奥森/1917

雨中开车撞人后，他擦亮了开车人的视野。

1916年的某一天，美国水牛城（布法罗），风雨交加，在市中心的弗吉尼亚街，一辆跑车正在冒雨前行。驾驶人约翰·奥森（John R. Oishei，图3-10-1）虽然有急事要赶路，但他也只能慢慢地行驶，雨实在是太大了。雨水顺着前风挡玻璃直往下流，车前的视线非常模糊，很难看清路面上的情况。约翰·奥森只好将身体使劲前倾，睁大眼睛盯着前方。猛然间他听到车前一声撞击声，他急忙制动跳下车查看。一辆自行车倒在前轮旁，骑车人跌倒在地，正试图从泥水中爬起来。万幸的是约翰·奥森的车速非常慢，虽然自行车损坏不能再骑了，但骑车人只是轻微擦伤。

吓坏了的约翰·奥森事后越想越怕。如果不把风挡玻璃上的雨水擦掉，解决雨水遮挡视线的问题，他再也不敢冒雨驾驶了。想到这里，约翰·奥森灵机一动，何不自己做个刷子将雨水擦净呢！

约翰·奥森找了一根带槽的金属杆，将一根橡胶条固定在金属杆的槽中，再

图 3-10-2　约翰·奥森

将它们一起安装在前风挡玻璃上,并能通过驾驶室内的一根拨杆拨动它们来回晃动,从而将风挡玻璃上的雨水擦掉。经试验,效果还不错,于是第一个雨刮器就诞生了,虽然它是手动操作的。1917年,约翰·奥森成立了特瑞科公司,专业生产和销售雨刮器,让更多的司机在雨中开车也能看清路面。

当时的汽车都是手动档,驾驶人开车时都要手脚并用,如果在雨中行车时再多一项手动操作,往往会让人手忙脚乱,反而增添危险。于是,约翰·奥森在1921年又开发出利用发动机进气管真空的泵式雨刮器,使雨刮器在发动机进气真空力的驱动下,能够自动来回摆动。这种雨刮器称为自动真空雨刮器(图3-10-2)。

在此期间,约翰·奥森还与威廉·福尔伯斯发生专利纠纷。福尔伯斯声称他在1919年就发明了真空动力的雨刮器并获得专利,控告约翰·奥森的特瑞科公司侵权。为了迅速彻底地解决纠纷,特瑞科公司竟然把福尔伯斯公司收购了。

一波未平,一波又起。自动真空雨刮器又出现了严重问题。当发动机低速运转时,比如遇到堵车或等红灯信号停车时,雨刮器就会因发动机的真空力太小而停止摆动。很快,约翰·奥森成功地将雨刮器连杆与电动机结合起来,从而成功发明了电动雨刮器,也就是现代汽车雨刮器的始祖。

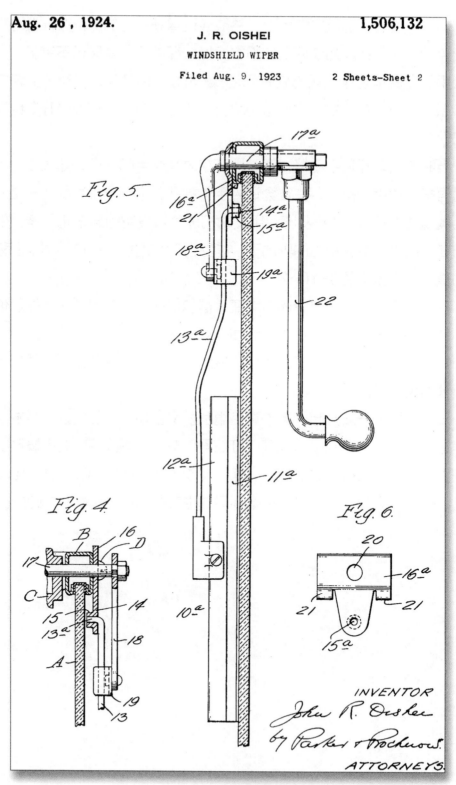

(a)风挡玻璃雨刷

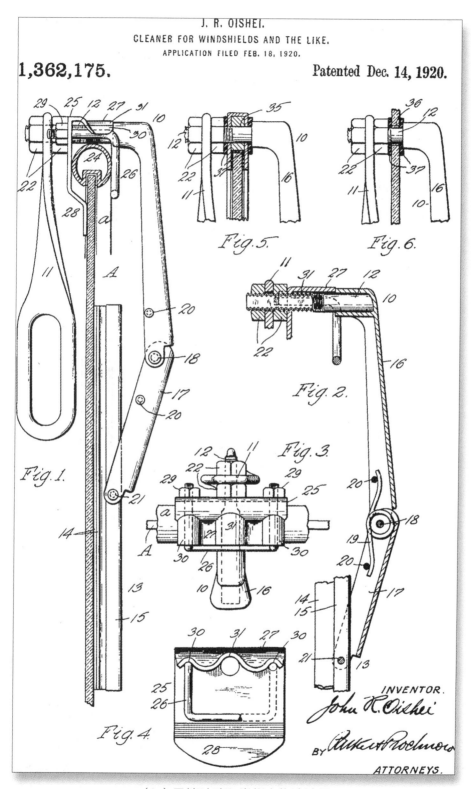

(b）风挡玻璃和类似之物清洁器
图 3-10-2

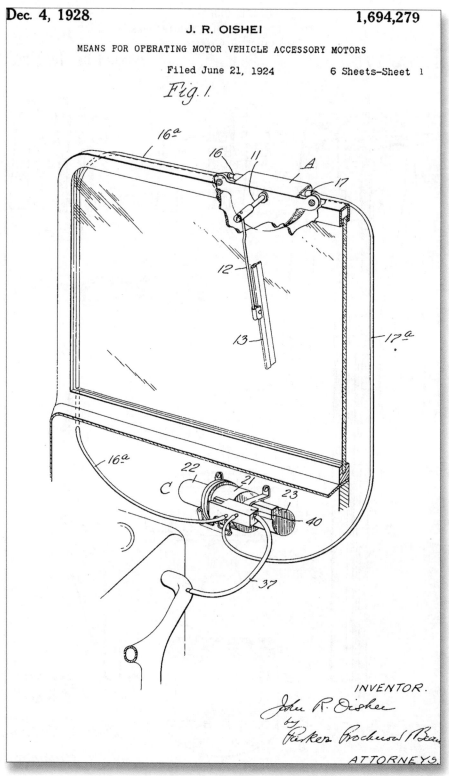

（c）操作机动车附件电机方法

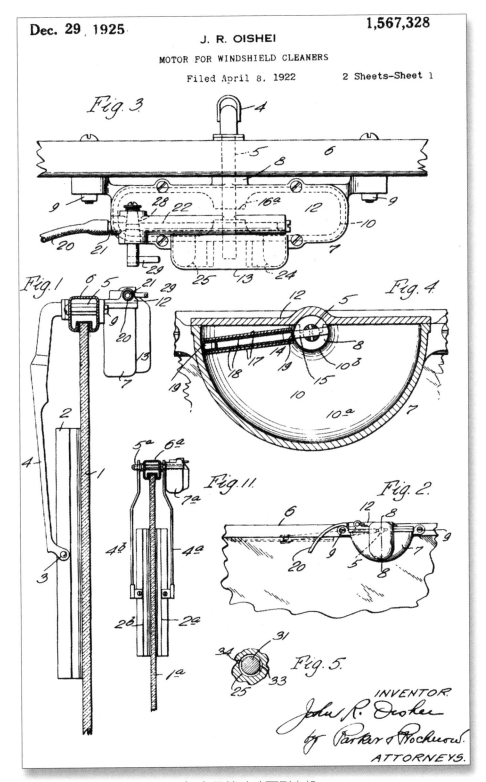

(d)风挡玻璃雨刷电机
图 3-10-2

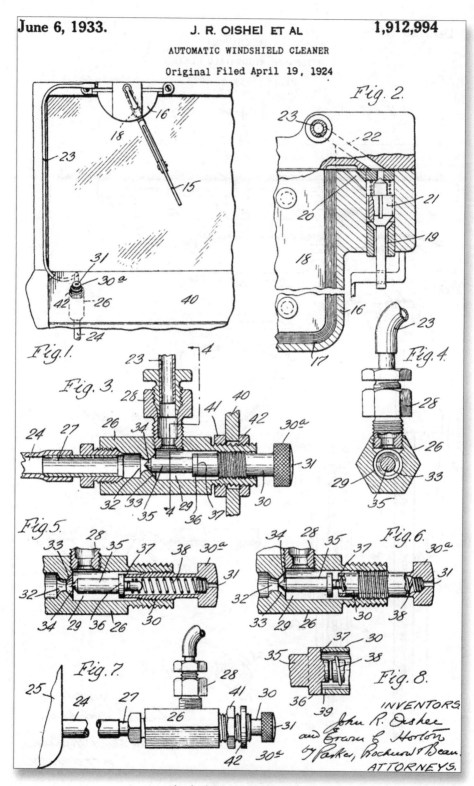

（e）自动风挡玻璃雨刷

图 3-10-2　约翰·奥森雨刮器专利图

第 4 篇
汽车多样化设计时期

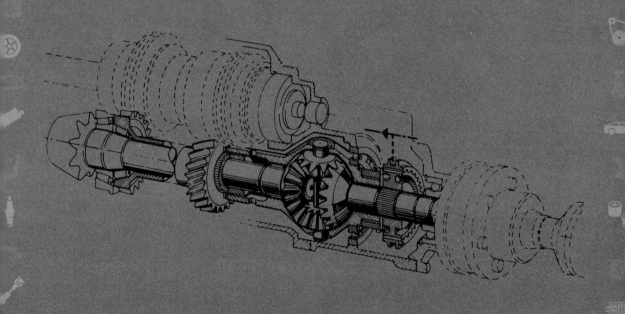

第 1 章
同步器式变速器的发明：
汤普森/1918

之所以换档很顺利，是因为有同步器在默默工作。

从1922年4月起，美国俄勒冈州的厄尔·汤普森（Earl A. Thompson，图4-1-1）就不断地前往密歇根州的底特律城，向汽车制造商们推销他刚取得的同步器式变速器的发明专利。然而他跑了几家后，竟然没人对他的发明感兴趣。

当时汽车上的手动变速器还都没有安装同步器，换挡时，不同转速的齿轮进行啮合时就会发生撞击，而且还会发出刺耳的金属摩擦声响。技术不熟练的司机甚至多次换挡操作都可能无法挂入新挡。为此，要求司机必须采取"两脚离合"法操作换挡，也就是在摘挡和挂挡间隙踩一下加速踏板，让将要啮合的两个齿轮的转速尽量接近，以方便它们相互啮合。厄尔·汤普

图4-1-1　厄尔·汤普森

森巧妙地发明了同步器，换挡时引导齿轮顺利啮合，避免发生相互撞击和摩擦，还能增加变速器的寿命。

然而，要想达到较好的效果，最好是每个挡位都要安装同步器，包括倒挡，这样必然增加不少成本。对于汽车制造商来说，他们对增加成本的事往往不愿意考虑。再说了，当时人们认为换挡时发出金属摩擦声响也是正常的，很少有人对此抱怨。因此，同步器当时对汽车制造商的吸引力不大，厄尔·汤普森非常失望。

厄尔·汤普森于1891年7月1日出生在美国俄勒冈州。他曾就读于俄勒冈州立大学，主修机械和电气工程，毕业后在当地成为一名工程师。他很讨厌汽车换挡时发出的噪声，就从1918年开始，独自研制防止变速齿轮碰撞的同步器。历经四年的多次失败后，终于在1922年3月获得同步器的发明专利（图4-1-2）。原想这东西一定受人们喜爱，却没想到无人问津。

他反思其中问题，可能是自己的发明还不够完美。于是他努力改进他的发明，并又申请了两项专利。感觉他的同步器确实够好后，他带着资料和样品，又去了底特律城。

1924年的一天，厄尔·汤普森来到通用汽车公司，见到了凯迪拉克的总经理劳伦斯·费舍尔和总工程师欧内斯特·西霍姆。那两人慧眼识珠，认为"这是第一次让司机在不发生齿轮撞击的情况下换挡"，确定同步器对提高凯迪拉克的豪华性和舒适性非常有用，安装同步器而增加的成本对豪华轿车来说非常值得。随后，他们说服通用汽车公司购买了同步器专利，并聘请厄尔·汤普森作为技术顾问，开始制造同步器式手动变速器。

现在同步器已是手动变速器上不可缺少的部件。之所以换挡很顺利，都是因为同步器在默默工作。

1929年9月1日，厄尔·汤普森正式加入凯迪拉克汽车部，成为总工程师助理。此后，厄尔·汤普森又领导团队，先后成功研制出半自动变速器和世界第一台自动变速器。

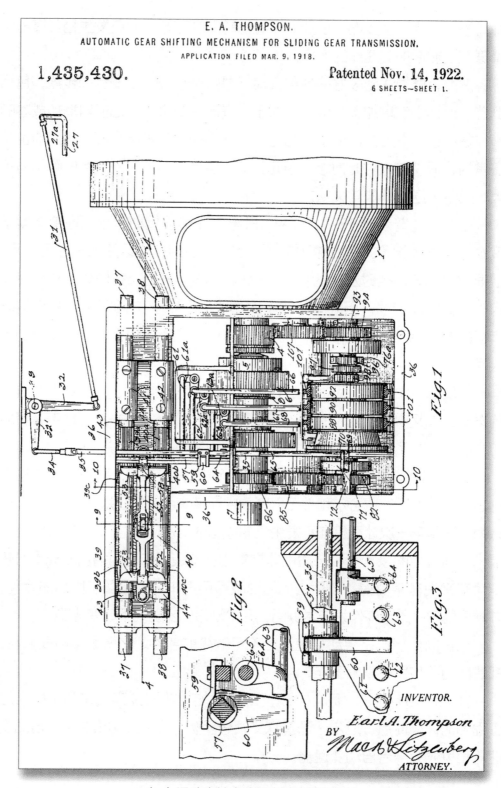

(a) 滑动齿轮变速器自动变速机构 1

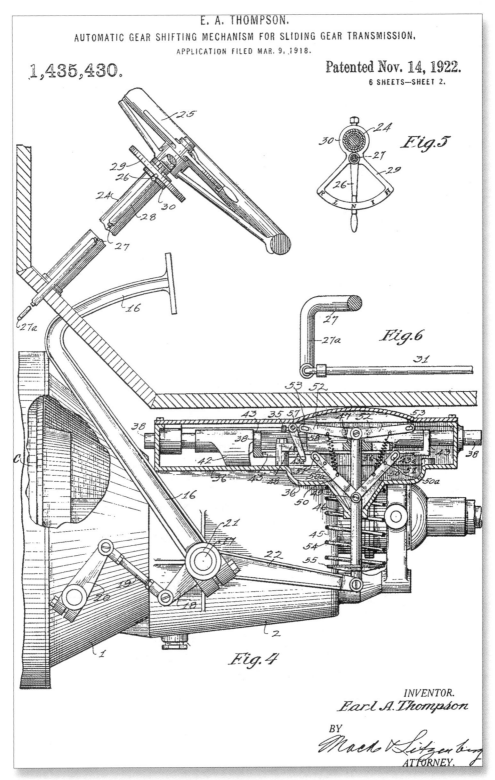

(b) 滑动齿轮变速器自动变速机构2

图 4-1-2

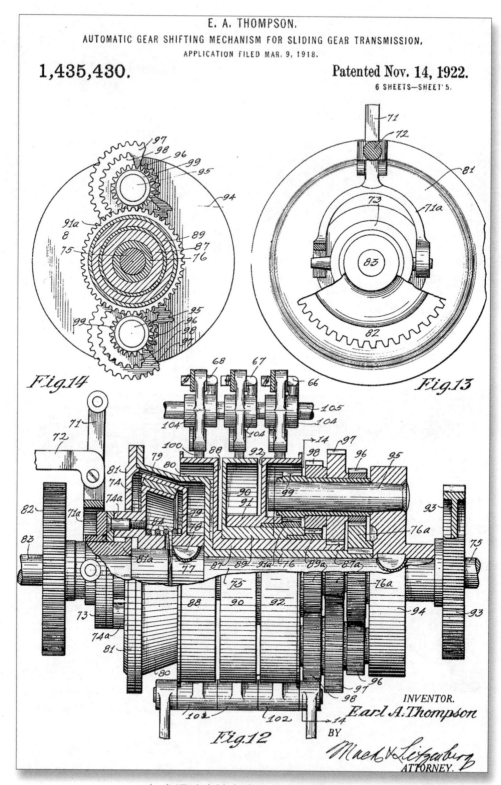

（c）滑动齿轮变速器自动变速机构3

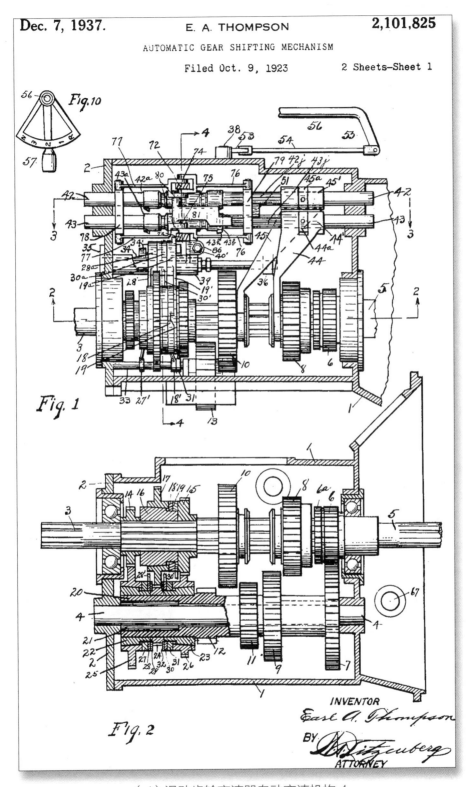

(d) 滑动齿轮变速器自动变速机构 4

图 4-1-2 厄尔·汤普森同步器式变速器专利图

第 2 章

每缸四气门的设计：布加迪/1919

他挖出埋在地下的汽车零部件，却发现技术上已落伍了。

1909年，决心自主创业造车的埃托雷·布加迪（Ettore Bugatti，图4-2-1），来到德国的阿尔萨斯地区莫尔斯海姆镇，买下一家倒闭的印染厂后将它改建，专门生产高级轿车和赛车。同年，第一款布加迪汽车正式推出，这就是布加迪13型。1911年，布加迪13型参加了在法国举行的勒芒汽车大奖赛。13型的个头看上去比对手小了很多，但最后竟然获得了亚军，震惊了在场的所有人。

然而，正当布加迪公司蓬勃发展的时候，第一次世界大战爆发了，布加迪只好停止汽车生产。埃托雷·布加迪带着两辆13型汽车转移去了米兰，而把那些未组装的13型零部件都埋在了布加迪工厂附近。

1919年，第一次世界大战结束，埃托雷·布加迪回到了莫尔斯海姆镇。虽然工厂完好无损，但整个阿尔萨斯地区不再是德国领土，这个地区又还给了法国。（此前在普法战争中阿尔萨斯地区被割让给了德国。）就这样，经过一场战争后，布加迪公

图 4-2-1
埃托雷·布加迪

司成为一家法国企业。从那时起，布加迪赛车都被刷成"法国蓝"（欧洲赛车界传统：英国赛车用绿色，德国赛车用白色，意大利赛车用红色，法国赛车用蓝色）。

埃托雷·布加迪挖出埋在地下的13型汽车零部件，准备组装赛车。然而，他看着这些战前设计制造的零部件，自感心虚，觉得拿它们上赛场很难取胜，必须进行技术升级。

埃托雷·布加迪在战前就设计过当时极罕见的每缸4气门技术，即2个进气门和2个排气门，如图4-2-2，可以在不增加排量的前提下提高发动机动力，但一直没有机会投入实际应用，现在正好可以一试身手。就这样，1919年，布加迪13型成为最早应用4气门技术的汽车之一。

每缸4气门设计虽然增大了制造成本，但它能增大发动机的气门面

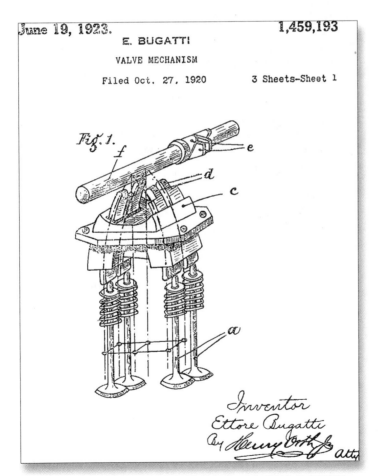

图 4-2-2　埃托雷·布加迪的每缸4气门技术专利图

积，使进气和排气更加通畅和高效，在急加速和高速运转时，动力输出更强劲，尤其是适合高速发动机或赛车发动机。布加迪4气门发动机的先进性在赛场上得到了充分体现。在1920年勒芒大奖赛中，改进后的布加迪13型赛车一举获得冠军。更成功的是在1921年意大利布雷西亚大奖赛中，13型赛车囊括前四名（图4-2-3）。为了纪念这一难忘的胜利，所有搭载每缸4气门发动机的布加迪赛车，都被命名为"布雷西亚"。每缸4气门技术助力布加迪登上赛车高峰。

此后曾出现过每缸5气门设计，但人们很快就发现，5气门对发动机性能的提升与4气门相差无几，但却使发动机的构造复杂了很多，增加制造和使用成本。因此，现在的汽车发动机基本上都采用每缸4气门设计。

图4-2-3　1921年意大利布雷西亚大奖赛中的布加迪13型赛车

第 3 章

铝合金车轮的制造：布加迪/1924

车轮越轻，汽车的操控性就越好。

现在几乎每一辆跑车都使用铝合金车轮，然而，很少有人知道，埃托雷·布加迪才是铝合金车轮的发明人，他早在1924年就研制出了铝合金车轮并用于布加迪35型赛车上（图4-3-1，图4-3-2）。

图 4-3-1　布加迪 35 型赛车

图 4-3-2　布加迪 35 型赛车结构图

　　埃托雷·布加迪是汽车轻量化设计的先驱，他认为赛车不能过重，否则就失去了作为赛车的价值。他想尽办法为赛车"减肥"，竭尽所能减轻汽车重量。他为此发明了铝制车轮和其它铝制部件以及空心锻造前轴，使赛车重量大大减轻，从而拥有极佳的操控性。

　　早在1886年，用电解方法生产铝的工艺就被发明出来了。到1920年，赛车设计师哈里·米勒又提出了生产铝制车轮的想法，而且还申请了专利，但他只停留在概念发明阶段，并没有生产出任何铝制车轮。之后不久，埃托雷·布加迪在离布加迪工厂不远的一个铸造厂，成功地铸造出了铝制车轮。此后，这位天才发明家又进一步改进了铝制车轮，并在1924年获得铝制车轮的发明专利。

　　布加迪的铝制车轮有8根扁而宽的轮辐，一个可移动的轮缘和一个集成的制动鼓，并率先用于布加迪35型赛车上。布加迪的铝制车轮设计简约，造型独特，而且重量轻盈，是体现埃托雷·布加迪美学追求的一个典型例子。

　　与钢制车轮相比，铝制车轮的最大优点是重量轻，可以减小簧下质量。簧下质量越小，汽车的操纵性能就越好，更容易实现精确驾驶，同时，赛车的制动性能也提高了不少，更利于赛车高速通过弯道。

然而，布加迪发明的铝制车轮在最初应用时却有点让人失望。首次使用新车轮的几辆35型赛车，在1924年8月3日举行的里昂大奖赛上，因技术问题而未能完赛。这并不是因为铝制车轮出现了问题，而是因硫化问题致使轮胎面开裂。埃托雷·布加迪对他的铝制车轮和轻量化创新一直充满信心，同时他不断改进技术，设计出性能更好、更可靠的铝制车轮。

1925年，布加迪35型赛车参加了著名的意大利塔格-佛罗热（Targa Floria）大赛。这是一场围绕西西里山路跑的艰苦比赛，以毁车而著名。人们以为轻巧单薄的布加迪35型赛车会崩溃，结果它不仅坚持到了最后，而且还获得了冠军。在随后的四年中，这项赛事的冠军都被布加迪35型拿走了。

以轻量化理念打造的布加迪35型赛车，可能是有史以来最成功的赛车。它在十年的比赛中，总共获得过近2000场胜利！在35型的巅峰时期，平均每周收获14个赛车冠军。这都与它那轻盈的铝制车轮分不开。

埃托雷·布加迪的发明设计很多，甚至在百忙中还设计工厂门窗的铰链，钳工用的老虎钳子。他还设计过外科医生手术用的工具等。埃托雷·布加迪于1947年8月21日因病去世，享年65岁。

第 4 章
液压助力转向的发明：
戴维斯/1926

利用液压的力量，帮开车女士打方向盘。

如果不是一个叫弗朗西斯·戴维斯（Francis Davis，图4-4-1）的人，我们这些开车的人现在可能都臂力过人，而且女人们也会因无力转动方向盘而无法驾车。美国人弗朗西斯·戴维斯在1926年发明了实用的液压助力转向系统（图4-4-2），使人们可以轻松转动方向盘，即使在一手换挡时另一手也能打方向。而在弗朗西斯·戴维斯的发明之前，只能靠增大方向盘的直径来缓解驾车难度。但对于一辆大型卡车来说，即使使用大方向盘，女性们也很难驾驭，导致昔日的卡车司机都是膀大腰圆的形象。

弗朗西斯·戴维斯是从哈佛大学毕业的机械工程师。1906年，他去了著名的皮尔斯-阿罗（Pierce-Arrow）汽车公司工作，并被安排到钣金模具组。由于这些模具都是由液压技术控制的，他很快就成为了液压技术专家。

20世纪20年代，汽车在美国开始普及，一些女性和老年人也希望驾驶汽车，但没有力气很难胜任司机的工作。汽车

图4-4-1 弗朗西斯·戴维斯

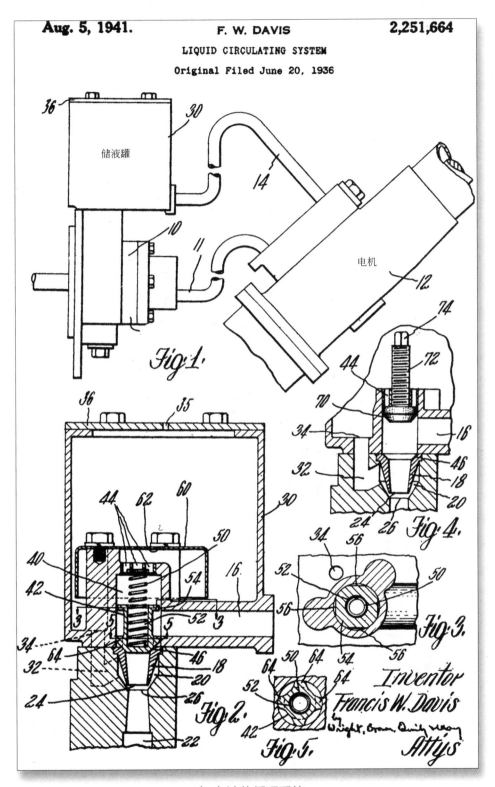

(a)液体循环系统
图 4-4-2

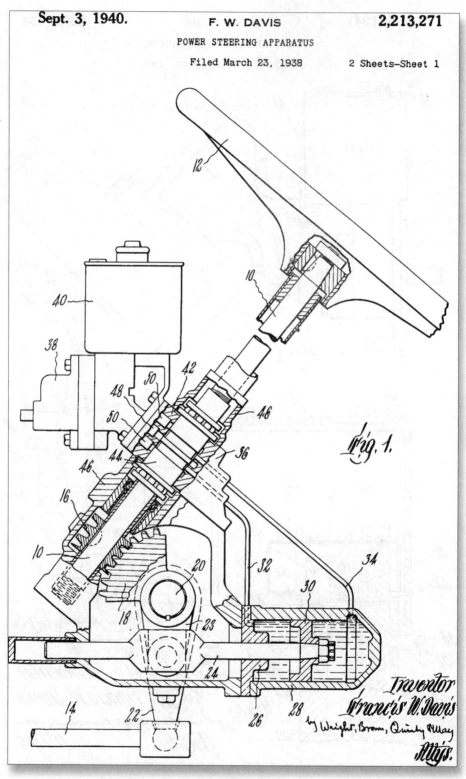

（b）助力转向装置1

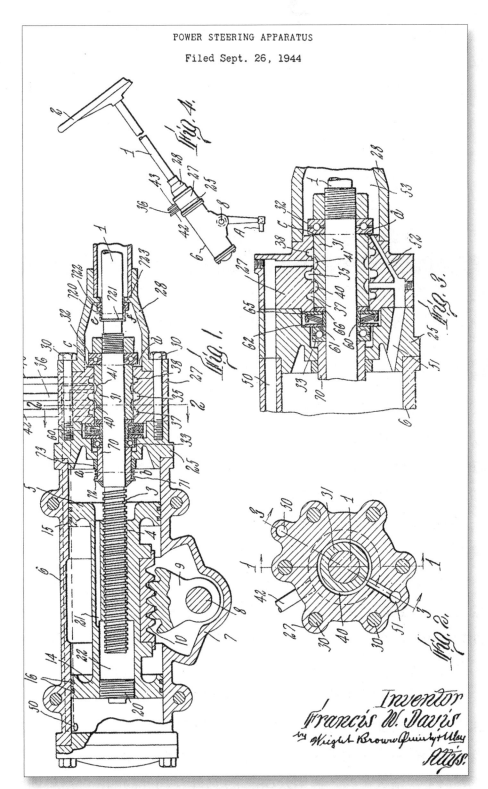

（c）助力转向装置 2

图 4-4-2　弗朗西斯·戴维斯的液压助力转向系统专利图

制造商们为了扩大销量，也很关注这个问题。许多人提出了助力转向解决方案，比如像制动那样采用真空助力，或采用电动力量帮助转向，还有人提出减小机械摩擦的办法，但都没能投入使用。然而，液压技术专家弗朗西斯·戴维斯却坚信，液压助力是最好的解决方法，并毅然从皮尔斯－阿罗公司辞职，独立研发液压助力转向系统。

液压机构产生动力的原理并不复杂，包括液压制动系统在内，都是根据液体内压强相等的帕斯卡定律，将力量进行放大。只要将转动方向盘的力量，通过液压系统放大即可。然而，液压系统组件复杂，不仅需要一个大型的液压油储存罐，而且还要设置油泵、卸载阀、蓄能器和大量软管等。这些组件要是放置在车间内还可以，但要放在汽车上，就必须小型化。这也成了最大的技术难点。在此期间，他经历了很多挫败，液压油泄漏、压力损失等问题差点让他放弃。最终，弗朗西斯·戴维斯利用反向思维想出了一个妙招。

一般液压系统的液压油都是储存起来，当需要压力时就打开阀门让其流动，从而产生液压力。而弗朗西斯·戴维斯却是让液压油一直在系统中流动，相当于储存在系统中，这样就不需要大型的储存装置，但当需要助力转向时，就关闭阀门停止流动，液压力就会增加。这个设计既简单又紧凑，1926年，弗朗西斯·戴维斯很快就做出一套安装在他的皮尔斯－阿罗牌跑车上。

让弗朗西斯·戴维斯意想不到的是，它的液压助力系统不仅能提供转向助力，而且还能阻止道路振动通过方向盘传递到司机手中。此前没有液压助力转向的汽车，在前轮撞到路面障碍物时，撞击力就会传递到方向盘上，有时甚至导致方向盘脱手。

弗朗西斯·戴维斯开始向汽车制造商推销和演示他的新发明，很快就与通用汽车公司签订了合同，共同合作改进和生产液压助力转向系统。本计划在凯迪拉克汽车上安装弗朗西斯·戴维斯设计的液压助力转向系统，很不幸赶上经济大萧条，通用公司在1934年又与弗朗西斯·戴维斯解除了合约。

美国的本迪克斯（Bendix）公司一直关注戴维斯的进展，双方在1936年签订了生产合同，投产"本迪克斯-戴维斯"助力转向系统，并在3年内就有10款汽车安装此系统，其中包括通用公司的别克车型。1941年12月珍珠港遇袭，美国向日本宣战，液压助力转向系统有了用武之地，迅速成了军用卡车和装甲车的必备配置。

第二次世界大战结束后，戴维斯的专利已经过期了，克莱斯勒汽车公司开始自己模仿制造液压助力转向系统，并率先应用在克莱斯勒的帝国（Imperial）汽车上。通用汽车公司再次找到弗朗西斯·戴维斯，要他为通用汽车重新设计一套液压助力转向系统。

如今，汽车上使用的助力转向系统有多种，轿车上多是电动助力转向，但仍有很多汽车上采用电动液压助力或纯液压助力转向。弗朗西斯·戴维斯的影响仍然存在。

第 5 章
流线型汽车的设计：
克莱斯勒/1934

风洞中开发的汽车很先进，却没人买账。

1930年初的一天，美国克莱斯勒公司的卡尔·布里尔（Carl Breer）等四位开发工程师突发奇想，他们鼓动老板拨款建了一个风洞试验室，要像给飞机做空气动力学试验那样，在风洞中开发新车型。他们要根据风洞试验来设计汽车的外观造型。风洞试验室很快就建好了，并开始按照新车设计流程，将新车比例模型放在风洞中进行测试，并根据测试结果不断对新车造型进行修改、调整。到1930年的4月，他们已测试了至少50个新车模型，这速度确实够快的。

当时的汽车造型主要为两厢式，前部是长长的车头，后部就是方盒似的驾乘室，前风挡、车窗和后风窗基本都是垂直的。整体看来那时的汽车真的像是两个方盒子接合在一起。这种汽车的空气动力学特性非常差，行驶时风阻很大。卡尔·布里尔他们的设计目标是尽力减小汽车行驶中遇到的空气阻力，要让空气顺利、快速地流过车身周围。那时还没有流线型这个概念，现在看来，他们就是要设计一款流线型汽车。

经反复试验他们发现，阻碍空气从车身周围流动的主要是前风挡玻璃、散热器格栅、裸露的前大灯、巨大的挡泥板等。于是他们就将前风挡玻璃由垂直改成倾斜式的,并将整块玻璃改成两块玻璃而且呈V形设计;垂直的散热器格栅改成倾斜的瀑布式造型;前大灯也尽量嵌入车身而不再凸出在外;挡泥板也与车身更加接近并将轮胎覆盖着;发动机位置往前移,驾驶座位也往前移,使车头变短而驾乘室加长,增大了乘坐空间。另外,为了增强车身强度,还采用全钢车身架构,而当时的主流车型仍在采用木头和钢混合的结构框架。

这么一来,新车型与同时代的方盒子汽车相比,就像是外星人的太空车一样另类。为了突出这款新车具有非凡的空气动力学性能,就将其命名为"气流"(Airflow),如图4-5-1,并在1934年开始上市销售。

(a)

(b)

图4-5-1 克莱斯勒"气流"车型

(c)

图 4-5-1　克莱斯勒"气流"车型

克莱斯勒的这次大胆创新很吸引眼球，但却没赚取到钱。，它的全钢车身结构对当时的焊接技术提出了挑战，使制造成本提升了不少。更要命的是，人们似乎对这种风洞出来的汽车造型不感兴趣，这种像土豆似的汽车没有原来方盒子汽车更有派头。甚至有人认为将发动机盖、瀑布式格栅、前大灯和挡泥板连成一体的设计像是个"大肿包"。

"气流"虽然非常现代、先进，但当时人们的审美还跟不上，还无法接受它的设计理念。"气流"第一年的销量仅为1万辆，以后逐年降低，仅生产3年就不得不停产了。

"气流"的大胆创新在市场上失败了，但它也启示后人，设计汽车时不仅要符合科学原理，还要符合当时社会的实际审美需求。

第 6 章
现代方程式赛车的设计：保时捷/1934

将油箱放在车身中部，就不用担心比赛时重心的变化。

　　1932年，德国陷入经营困难的四家汽车公司抱团取暖，奥迪、DKW、霍希和漫游者，它们组成汽车联盟公司，这也是奥迪四个圈标志的由来。四个圈连在一起可能更有力量，也可能相互成为累赘。

　　正在这时，上台不久的希特勒在1933年柏林车展上公布了两项新项目：一是制造"人民的汽车"；二是拿出50万马克资助高性能赛车的研制。人们都以为这50万马克肯定是让戴姆勒－奔驰公司拿走，但汽车联盟也想获得这笔赞助，好让自己渡过难关。汽车联盟的老板知道自己势单力薄，于是找到费迪南德·保时捷（Ferdinand Porsche）。而保时捷设计室恰好正在研发一个方程式赛车项目，于是双方一拍即合，共同游说希特勒。最后，希特勒同意将50万马克平分给汽车联盟和戴姆勒－奔驰两家公司。拿到资助费后，费迪南德·保时捷就着手为汽车联盟设计高性能赛车。

　　当时所设计的高性能赛车就是大奖赛赛车，相当于现在一级方程式赛车的前身。1933年初，大奖赛管理机构宣布了一项新规则，其主要规定是，在不包括车手、燃料、油、水和轮胎的情况下，赛车的重量不允许超过750千克。

保时捷为汽车联盟设计的大奖赛赛车后来被称为"银箭"（Silver Arrow）。汽车联盟的大奖赛A型车（图4-6-1）于1934年初问世，它具有很多开创性的设计，其中三项设计仍影响着今天的方程式赛车。

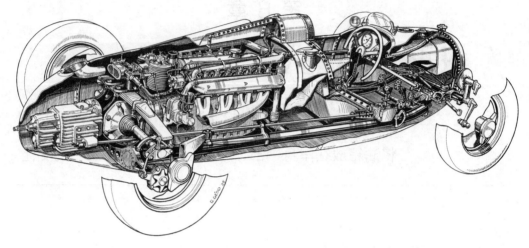

图4-6-1　费迪南德·保时捷为汽车联盟设计的大奖赛车

① 将发动机放置在车身中间，采用后中置发动机、后轮驱动方式；将驾驶座放在离车头仅为车长1/3处，一反当时盛行的长车头模式（同时期的戴姆勒-奔驰"银箭"赛车仍是长车头设计）。

② 将油箱放在车手背后，接近车体中部位置。这样，不管燃油消耗多少，在比赛中车体重心都不会发生太大变化，从而更利于操控，使车手不必像以往那样，必须根据重心变化而不断调整驾驶方式。

③ 前轴和后轴都非常接近车身两端，前轮几乎与车头齐平，这样可以提高转向的灵敏性。

汽车联盟的大奖赛赛车采用V形16缸机械增压发动机，最大功率高达520马力，四轮独立悬挂。它在赛场上的性能超出所有人的意料，在参加的64场比赛中，竟然获得了32场胜利。

费迪南德·保时捷为汽车联盟打造的大奖赛赛车，其主要设计元素已成为此后方程式赛车的经典设计模式。

第 7 章
前轮驱动汽车的设计：雪铁龙/1934

一车兼有三大创新设计，可惜来晚了。

1934年，雪铁龙汽车公司老板安德烈·雪铁龙（Andre Citroen，图4-7-1）投入巨资开发的"前轮驱动"上市，如图4-7-2。"前轮驱动"（Traction Avant)是一款革命性的创新车型，它具有三大创新设计：

首先，从名字上就可看出，它是一款前轮驱动的车型。而此前的汽车主要采用后轮驱动方式，用一根长长的传动轴将发动机的动力传递到后轮。这样不仅增加车身重量，而且后排中间放脚的位置还会有一个凸起。而雪铁龙"前轮驱动"采用罕见的前轮驱动方式（图4-7-3），变速器和差速器被整合在一个壳体中，非常紧凑，占用空间小。车后部没有了传动轴和差速器，可以自如地安排制动器、燃油箱和排气管等，也使得车底部比较平整。

其次，"前轮驱动"率先采用承载式车身结构。它不再使用大梁来承载发动

图4-7-1 安德烈·雪铁龙

图 4-7-2 雪铁龙"前轮驱动"轿车

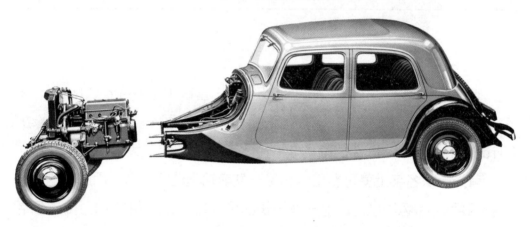

图 4-7-3 雪铁龙"前驱"轿车采用前轮驱动方式

机、变速器等,而是由车身本身来承载,如图 4-7-4。这样可以降低车身地板高度,而且还减轻车身质量 70 千克。

最后,"前轮驱动"还是第一款采用四轮独立悬挂的汽车,使它拥有较高的舒适性和操控性。

喜欢赌博的安德烈·雪铁龙非常看好"前轮驱动",他把公司的未来都押在了这款创新车型上。然而结果是,"前轮驱动"车型成功了,安德烈·雪铁龙却一败涂地。

安德烈·雪铁龙于 1878 年在巴黎出生,他们家是从华沙移民到巴黎的犹太人。他的父亲是一位钻石商人,在安德烈·雪铁龙 6 岁时因生意失

图4-7-4　雪铁龙"前轮驱动"轿车率先采用承载式车身结构

败而自杀。据说安德烈·雪铁龙从小就非常喜欢凡尔纳的小说,当他在1889年的巴黎博览会上看到埃菲尔铁塔时,他就立志成为一名工程师,那时他才11岁。

1900年,22岁的安德烈·雪铁龙从巴黎综合理工学院毕业。有一次,他在波兰看到一个木匠正在制作一套像鱼骨一样结构的齿轮,也就是人字形齿轮。这种齿轮工作时噪声小,传递效率高。安德烈用很少的钱就购买了加工切割人字形齿轮的专利。

安德烈·雪铁龙后来进入摩尔（Mors）汽车公司工作。1912年,他自主创业开办了一家齿轮厂,专业生产人字形齿轮。第一次世界大战期间,安德烈·雪铁龙应征担任炮兵队长。当他发现弹药不足时,主动请缨组建工厂生产炮弹。在这里,他的组织管理才能得到了极大的发挥,不仅创下炮弹日产量5万枚的纪录,而且由于组织得当,使妇女也可参与工作,从而让更多的男人可以上战场前线。

之后,安德烈·雪铁龙审时度势,从亨利·福特的成功看到家用汽车的未来,并于1919年开办以自己名字命名的汽车工厂"CITROEN"。安德烈·雪铁龙精心打造雪铁龙这个品牌,他梦想着有一天能达到日产千辆的水平,真正使一般家庭都拥有经济、舒适的小轿车。

1919年5月,雪铁龙公司10马力A型车投产,拉开了雪铁龙汽车的生产序幕。虽然当时年产量只有2810辆,但雪铁龙A型车仍然开创了法国多个第一：第一辆左舵驾驶法国汽车,第一款面向大众消费的法国汽车。

安德烈·雪铁龙积极参加汽车比赛，但不参加看谁跑得快的比赛，而是于1920年在法国勒芒参加了一次省油大赛，并获得"省油冠军"的称号。从此，雪铁龙汽车名声大振，销量猛增。可能是继承了犹太人的经商才能，安德烈·雪铁龙在1922年大力推广分期付款售车方式，成立了法国第一个专业从事分期付款的金融机构。

1923年，安德烈·雪铁龙去美国拜访了亨利·福特，带回来了福特汽车的流水线生产方法和一些设备。这一年，雪铁龙旅行车队成立。车队在法国全境巡游、展示，以此提高品牌知名度。同时，雪铁龙新建的流水线正以每天100多辆、每月3500辆的效率，源源不断地向用户提供雪铁龙新车。

安德烈·雪铁龙是一位敏锐的营销人员。1925年，他将埃菲尔铁塔作为全球最大的广告招牌，用25万个灯泡将自己的名字布置在埃菲尔铁塔上，使巴黎四周30千米内都可看到熠熠发光的"CITROEN"字样。

到了1929年，雪铁龙汽车年产量突破10万辆大关。到1932年，雪铁龙已发展成为世界第四大汽车公司。然而到了1933年，受世界经济危机的影响，法国汽车销量大降，库存积压严重，各车厂都是减产停产。然而，喜欢赌博的安德烈·雪铁龙却反其道而行，竟然坚持"多生产、降成本"的原则，产量不降反升，甚至冒险将日产量强行提高到1000辆。这一重大决策失误，为雪铁龙公司日后陷入困境埋下了隐患。

正是在最困难的1933年，安德烈·雪铁龙投巨资研制的创新车型"前轮驱动"推出。此车上市后好评如潮，销售也很不错，算是救了雪铁龙公司一命，使它不至于破产关门。但"前轮驱动"来晚了，虽能救命但无法解难，此时雪铁龙公司已负债累累，到1934年时已无法支撑下去，只好卖给了米其林公司。第二年，1935年，安德烈·雪铁龙竟然得了癌症并且很快离世，终年57岁。

今天主流轿车上采用的前轮驱动、承载式车身和四轮独立悬挂设计，都源自雪铁龙"前轮驱动"的创新设计，这也算是对安德烈·雪铁龙的致敬吧。

第 8 章

被动安全之父：巴雷尼/1937

采用"丢车保帅"的策略，保护驾乘人员免受撞击。

贝拉·巴雷尼（Bela Barenyi，图4-8-1）被称为汽车被动安全之父，他最先提出车身安全设计理念；他发明的溃缩区安全车身技术，至今仍被视为汽车被动安全技术的基本原理；他发明了自动断开式方向盘柱、隐藏式前风挡玻璃雨刷；他与人共同提出了主动安全与被动安全的概念和确切定义。

贝拉·巴雷尼于1907年3月1日出生在奥地利维也纳附近一个贵族家庭，童年时期因患髋关节炎而使得他终生行走困难。尽管如此，年幼的巴雷尼仍然聪明伶俐，对任何与科技有关的东西都感兴趣，特别是汽车。他最喜欢家里的一辆奥地利-戴姆勒汽车。但在十岁时，巴雷尼的父亲在第一次世界大战中阵亡，战败的奥地利很快陷入经济危机，巴雷尼家也变得一贫如洗，寡居的母亲再也付不起他的学费，巴雷尼只好辍学一段时间。

1924年，17岁的贝拉·巴雷尼考入维也纳理工大学机械工程专业，其间他凭借从小对汽车的喜欢，竟然在1924-1925年间设计了一款流线型的"未来人民的汽车"，甚至在1934年登上了一家汽车杂志的封

图4-8-1　贝拉·巴雷尼

面。其外形与大众甲壳虫的最初版本极为相似,但却比费迪南德·保时捷的设计早了五年。

1926年,贝拉·巴雷尼以优异成绩从大学毕业。这一年,因经济不景气,戴姆勒汽车公司与奔驰汽车公司合并成一家公司。几年后发生了经济大萧条,停止招聘、破产和大规模裁员成为了当时社会的常见现象,致使贝拉·巴雷尼找不到正式工作,维也纳市政当局因此发给他一份"贫困证明书"。

1928年,巴雷尼终于进入奥地利斯太尔汽车公司当设计师,但这份工作不稳定,没几年他就失业了。后来他一直以自由职业为生,当临时绘图员、帮人撰写技术论文等。1934年,他在柏林的技术进步协会获得了一份稳定的工作。他一边工作一边搞发明创造,在此期间他共申请了150多项专利。

从1937年起,贝拉·巴雷尼开始研究他的安全车身的技术,并在1937年1月就把这个安全车身的想法申请了发明专利。在随后的几年里,他不断对安全车身技术进行补充和改进。他将车身分为三个部分:中间是驾乘舱,必须结实抗撞,保证驾乘人员安全;车身前端和后端这两个部分则不用那么结实,而是采用溃缩式设计,受到撞击时可以吸收撞击力,避免将撞击力传递到驾乘舱,如图4-8-2、图4-8-3。

1939年初,贝拉·巴雷尼再次失业,他又开始寻找工作。他想起了自己儿时最喜欢的戴姆勒汽车,于是他向戴姆勒-奔驰汽车公司申请一份工作,但被拒绝了。万般无奈之下,贝拉·巴雷尼找到一位正在奔驰公司工作的斯太尔前同事,请他帮忙去拜见奔驰公司董事长,希望得到一个面试的机会。

32岁的贝拉·巴雷尼自信地对奔驰董事长说:"未来汽车的车身、车轴、车架和方向盘都将发生重大变化,未来的汽车最重要的不是看谁更快,而是看谁更安全。"

那时"汽车安全"是一个敏感话题,车主不愿意被提醒开车危险,制造商也担心人们因安全问题而不敢购买和乘坐汽车。直到20世纪70年

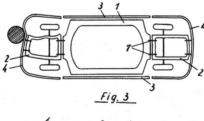
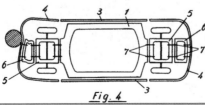

图 4-8-2　贝拉·巴雷尼汽车被动安全技术专利图

图 4-8-3 车身溃缩区设计示意图

代，"汽车安全"话题仍被称为汽车销售杀手。董事长非常欣赏他的才华和理念，就赞赏他说："贝拉·巴雷尼先生，你的想法要比我们先进15到20年。"就这样，贝拉·巴雷尼正式加入戴姆勒－奔驰汽车公司，担任前期开发部的主管。

贝拉·巴雷尼将他的溃缩区设计原理又进行了完善，并在1952年重新申请并获得了发明专利，随后应用在1953年款梅赛德斯-奔驰180（W120）"Ponton"上。此车的车身由三个部分组成：车身前部溃缩区、刚性较强不变形的驾乘舱、车身后部溃缩区。在正面和后面碰撞事故中，前后车架被故意设计成遇碰撞时容易变形的结构，从而吸收碰撞能量，保护驾乘舱在撞击中不变形，让驾乘人员坐在一个坚固、安全的笼状结构中。

第一辆完全使用溃缩区专利的梅赛德斯-奔驰是1959年的"Fintail"（W111）轿车（图4-8-4）。同时，在W111轿车上，还率先应用了贝拉·巴雷尼的另一项重大发明：自动断开式方向盘柱（图4-8-5）。当遇到正面碰撞时，方向盘柱会自己断开，从而避免方向盘柱像一根"长矛"

图 4-8-4 奔驰"Fintail"（W111）轿车

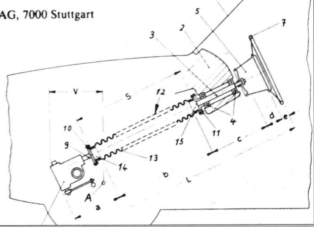

图 4-8-5　自动断开式方向盘柱专利图

那样刺向驾驶员。后来又经过不断改进，完整的安全转向系统在1976年的S级（W123）轿车上首次亮相。

　　贝拉·巴雷尼的被动安全发明很多，比如：隐藏式前风挡玻璃雨刷，率先应用在奔驰S级（W126）轿车（图4-8-6）上；加强式车身侧柱（A柱、B柱和C柱），率先应用在1963年款的奔驰SL级（W113）硬顶轿跑车（4-8-7）上。

　　1966年，贝拉·巴雷尼与梅赛德斯-奔驰研发经理共同提出了主动安全和被动安全的概念和确切定义，这一定义一直沿用至今。根据这个定义，主动安全包括驾驶安全、心理安全、操作安全等，即防止事故发生的安全驾驶行为；被动安全是指为了保护车辆乘员和其他道路使用者免受意外伤害而采取的措施。

贝拉·巴雷尼在1997年3月30日去世，享年90岁。

图 4-8-4　奔驰 S 级（W126）轿车

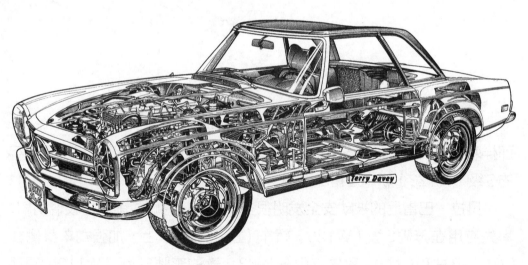

图 4-8-4　奔驰 SL 级（W113）硬顶轿跑车

第 9 章
汽车空调器的发明：帕卡德/1939

在空调时代，自然风已经失去了价值。

汽车发明后，在很长时间内都是"裸奔"，机器部件都露在外面，连车上的人都完全暴露在外。汽车不能遮风挡雨，冬冷夏热，路上的尘土更会把乘车人弄得灰头土脸。直到1908年，封闭式车身的汽车才开始出现。但这又出现了另一个问题，在热天乘车时，车内会非常闷热。这时人们就想出了各种各样的对策：有人在车内放冰块，有人将车窗设计成可手动打开式的，甚至将前风挡玻璃也设计成可向上打开一定角度，而最有效的办法还是在车内安装电风扇对着人吹。

进入1930年代，空调器开始出现在剧院等室内场所，这时人们才着手研究怎样将空调装在汽车上，让开车和坐车不那么难受。据考证，1939年，空调器第一次在汽车上出现。当时美国的帕卡德（Packard）汽车公司开始向购车者提供可选装空调的服务。如果想要一辆带空调的汽车，只要多掏274美元（折合现在约5千美元），帕卡德公司就将制造好的汽车运到制造空调的Bishop&Babcock公司，在那里加装空调器后再运送到经销商交付给买主。

帕卡德汽车虽然率先推出空调汽车，但它并没有获得商业上的成功。当时的汽车空调器过于庞大，而发动机舱内的可用空间非常狭小，发动机盖下只能装下压缩机和散热器，而它的蒸发器和鼓风机就只好安装在后备

厢，并占用了后备厢一半的空间。空调器的前后部件之间还要通过几米长的管道连接，如图4-9-1、图4-9-2。

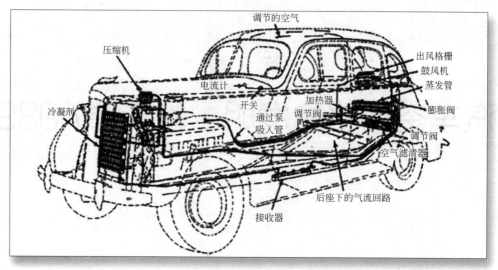

（a）

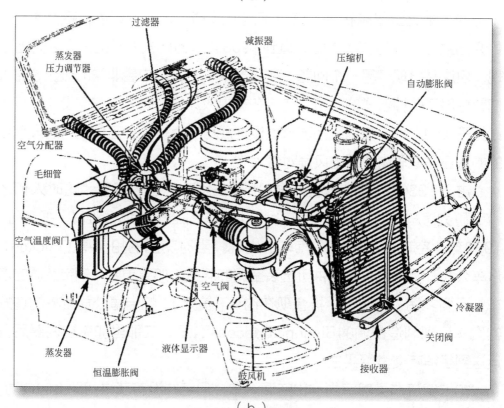

（b）

图4-9-1 帕卡德汽车空调设计示意图

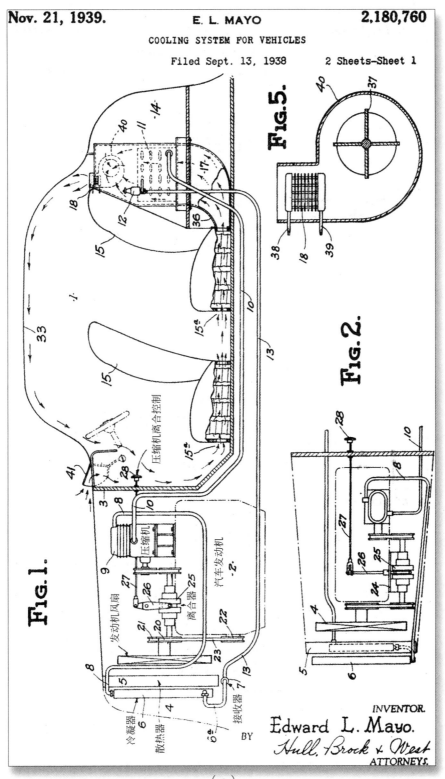

(a)

图 4-9-2

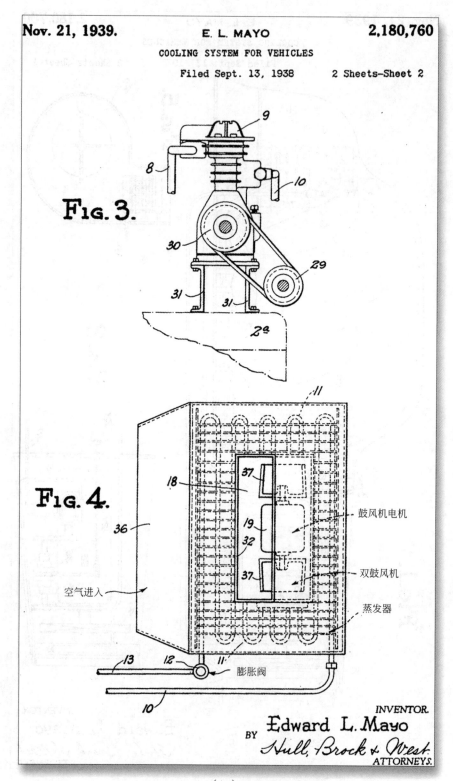

(b)

图4-9-2 汽车空调专利图

由于蒸发器和鼓风机都在汽车的后部，空调冷气只能从后排座位上方吹到车内。这样设计的弊端是，冷风从后排乘客的脖子后吹入车内，有时冷凝水会滴到后排乘客身上，而前排座位通常得不到足够的冷气。更为不便的是，空调器没有压缩机开关和温度调节机构。如果半道上想开启空调器，必须让车停下来，打开发动机盖，为压缩机装上皮带；同样，如果想关闭压缩机，也必须停车，打开发动机盖，取下压缩机皮带；当需要调节制冷温度时，必须停车，打开后备厢盖，通过调节鼓风机来调节制冷强度。再加上那时的空调器可靠性也不高，时常出毛病，结果勉强支撑到1941年，帕卡德汽车就停止了空调选装业务。

第二次世界大战也阻碍了汽车空调的普及，因为全部设施都用于制造军用车辆、飞机和海军舰艇了。战争结束后，汽车空调器卷土重来，又开始出现在汽车上，从1953年起，美国的凯迪拉克、别克、奥兹莫比尔和克莱斯勒等汽车品牌，开始提供汽车空调选装业务。这时的蒸发器和鼓风机仍然安装在汽车后部，但通过一个塑料管道将冷气引导到前排座位顶部，然后在座位周围缓缓降下来。空调开关设置在仪表板上，可以按低、中、高挡调节制冷强度。由于采用了电磁离合器来启动或关闭压缩机，所以不用停车、不用走出驾驶室也能关闭空调器。

1950年代初的汽车空调都是选装配置，一般需要400～600美元，折合现在约为6000～8000美元，算是比较昂贵的配置了，因此只能作为豪华汽车的选装配置。1957年，凯迪拉克的埃尔多拉多Broughams车型，成为第一款标准配备空调器的车型。到1969年，美国超过一半的汽车都安装了空调器。

1971年，《纽约时报》的一篇头版文章认为，空调器的普及是导致敞篷汽车减少的主要原因，"在空调时代，自然风已经失去了价值。"

| 空调器是怎样制冷的？

　　在炉子上烧热水时，当水烧开时，水便由液体变成了气体，在此

过程中水吸收了很多热量。液体在变成气体的过程中，要吸收热量。反之，气体在变成液体的过程中，要释放热量，比如冬天窗户玻璃上出现的雾，就是室内热气遇到玻璃外的低温时，因释放热量而冷凝成了水珠。

  空调器正是利用了上面这个原理，将液态制冷剂释放到压力正常的环境中，使制冷剂因吸收周围空气的热量而汽化。周围空气被吸收热量后变成冷气而吹入驾乘室。然后利用压缩机对汽化后的制冷剂进行压缩，使它成为高温高压的气体，再经散热器散热后又转变为液体制冷剂，从而循环使用。

第 10 章
谁是SUV的鼻祖：威利斯/1941

它像狗那样忠诚，像骡子那样强壮，像山羊那样敏捷。

当得知美国将参与第二次世界大战时，美国陆军联系了135家美国公司，想要制造一种四轮驱动的侦察车。只有两家公司做出了回应：美国班塔姆（Bantam）汽车公司和威利斯·欧弗兰（Willys-Overland）汽车公司。陆军提出了一个看似不可能完成的任务：49天内提供一个原型车。威利斯要求延长时间，但被拒绝了。班塔姆汽车公司只剩下一名设计师，于是请来了底特律的天才自由设计师卡尔·普罗布斯特。

普罗布斯特在短短两天内就为班塔姆侦察车制定了完整的设计方案，并在第二天进行了成本估算。班塔姆公司按期提交了原型车，并于1941年9月23日送往军方进行测试。测试结果表明，除发动机动力稍弱外，其他性能指标都符合陆军要求。

然而，陆军认为班塔姆公司的生产能力太低，无法提供所需的车辆数量，所以它向威利斯和福特两家公司提供了班塔姆的设计，希望他们也能提供各自设计的四轮驱动侦察车，并鼓励他们对原设计进行修改。

威利斯和福特很快提交了自己的设计作品，并且三家公司都使用同一家公司制造的分时四驱系统。这套分时四驱系统简单可靠，它没有中央差速器，不像当时其他四驱汽车那样通过锁死中央差速器来实现四轮驱动，而是通过手动操作接通和断开前传动轴的方式，在四驱和两驱间选择。

三家公司提供的原型车外观、结构、性能没有太大区别，于是军方决定先向三家公司订购4500辆——每家公司需提供1500辆军用车，以便做更深入的试验、比较和最终选择。

　　1941年6月，军方订购的4500辆汽车陆续交货。在做了相当多的实际测试研究之后，考虑到三家产品各有优势，军方决定将福特和班塔姆的优秀设计特征，整合进威利斯的设计中，再做进一步的完善和改进后，最终确定威利斯MA车型为最后的军车方案。

　　1941年7月，在16000辆"要么全部，要么就干脆放弃"的投标中，威利斯公司击败了另外两家竞争对手，以每天生产125辆的速度一举夺魁，成为第一供应商，福特是第二供应商。班塔姆公司因生产规模太小而出局。几个月后，美国陆军部在短时间内急需大量车辆，为了加快生产速度，要求威利斯把全套设计图纸交给福特，两家公司同时生产同一种车型。福特生产的车型称为GPW。威利斯从1942年生产的车型称为MB型。

　　第二次世界大战期间，威利斯和福特总共生产了60多万辆军车。其中，威利斯生产了36万辆，福特生产了27.8万辆。

　　威利斯MB型军车（图4-10-1）在第二次世界大战期间被称为"吉普"（Jeep）。它只有3.36米长，净重1113千克，加满油可行驶480千米。它采用非承载式车身，配备一套简单高效的分时四驱系统（如图4-10-2），越野能力相当强悍，而且维修方便简单，用途广泛（图4-10-3）。它在战争中扮演了许多角色：机枪架、侦察车、拉炮车、救护车、轻型货车、前线指挥车、枪支弹药运输车等。美国著名军事记者俄尼派尔报道说："我认为没有吉普我们无法继续战争。它任何事情都能做，像狗那样忠诚，像骡子那样强壮，像山羊那样

图4-10-1　威利斯MB型军车

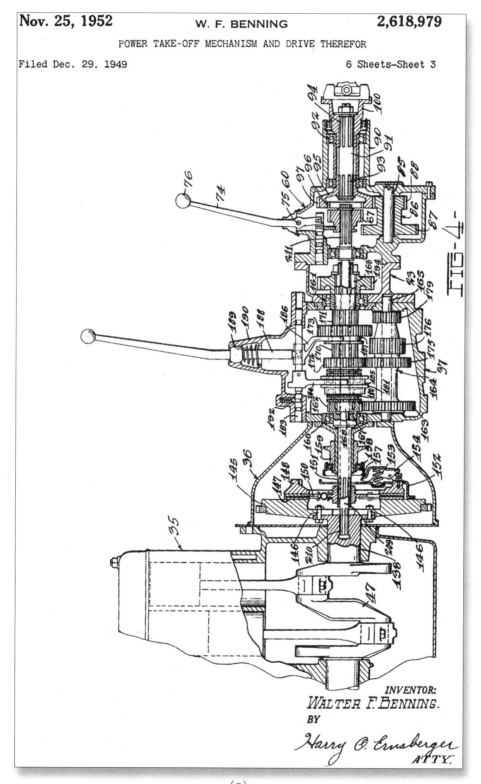

图 4-10-2

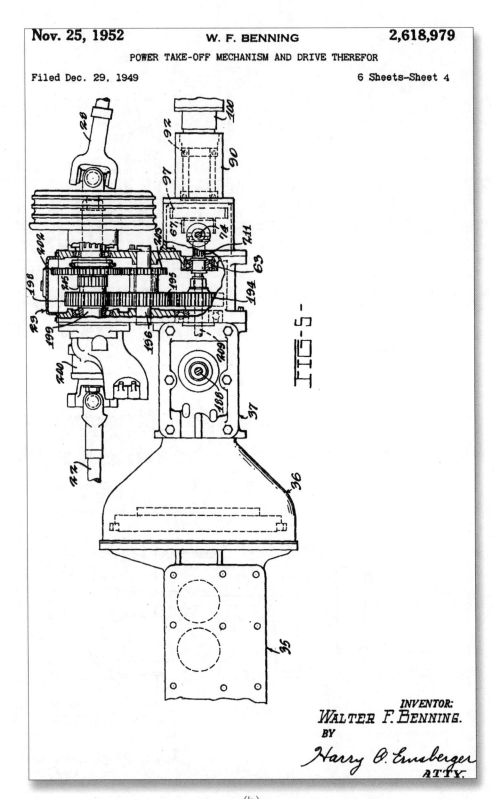

(b)

图 4-10-2 威利斯汽车分动器技术专利图

(a)　　　　　　　　　　　　　(b)

图 4-10-3　介绍吉普汽车的海报

敏捷。它实际载重能力是其设计的两倍,且能够不知疲倦地奔跑。"因此说,威利斯MB型才是"运动型多功能车辆",即SUV的真正鼻祖,更是越野型SUV的鼻祖。

"吉普"名字是怎样来的?

　　"吉普"名称的起源众说纷纭。许多人认为,"吉普"的发音源自"通用功能"(General Purpose)的首字母GP的连读效果。

　　另据传说,有一位试车手非常喜欢当时流行的一个小动物的漫画形象,它是大力水手漫画中的"尤金尼·吉普"(图4-10-4)。尤金尼·吉普喜欢到处乱跑,机智勇敢并且善于应付各种突如其来的险境。这位试车手认为他所驾驶的汽车也有同样的特点,便干脆把他的爱车称为"Jeep"了。

　　事实上，是威利斯公司试车手欧文·霍夫曼最先公开使用"Jeep"这个词。1941年2月20日华盛顿日报一篇报道的标题是"吉普登上国会的台阶"。文章配有大幅吉普汽车的照片，并援引了欧文·霍夫曼对"Jeep"的叫法。

图4-10-4　漫画中的"尤金尼·吉普"

第 5 篇
汽车高性能研发时期

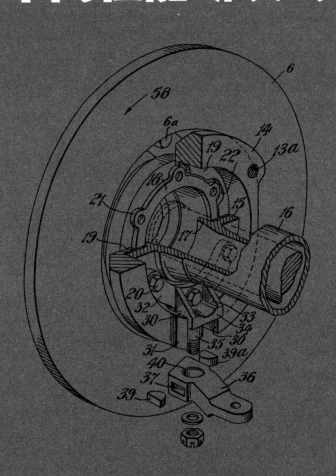

第 1 章

自动变速器的发明：汤普森/1939

继自动起动器之后，自动变速器是最伟大的汽车发明。

汽车发明后的很长时间内都采用手动变速器，那时候人们启动和驾驶汽车的操作都非常复杂，往往要10多道程序后才能上路。同时对驾驶技术的要求也很高，司机换挡时必须一手扶方向盘、一手扳动变速杆，同时还要熟悉"油离配合"才能起步，换挡时还要掌握"两脚离合"的动作才能顺利换挡。这种非常复杂的操作方式阻碍了很多人成为汽车司机，因此一直有人试图发明能够自动换挡的汽车。

最早获得自动变速器发明专利的是加拿大人阿尔弗雷德·霍纳·门罗（Alfred Horner Munro）。他是一位蒸汽工程师，在1923年获得自动变速器的专利。他的发明采用了一种压缩空气系统作为传动装置，如图5-1-1。但这种自动变速器的输出动力非常小，在商业上根本不实用，也没能投入生产。其后还有英国、巴西的工程师获得过自动变速器的发明专利，但都因不实用而不了了之。最终还是美国人厄尔·汤普森（Earl Thompson），就是发明了变速器上同步器的那位工程师，他领导团队研制成功世界第一款大批量生产的自动变速器。

1932年，通用汽车公司技术中心的厄尔·汤普森受命领导一个4人团队，着手设计一种自动换挡的变速器。历经四年努力，汤普森的团队才拿出一种半自动变速器勉强交差。这种变速器采用离心式离合器＋行星式

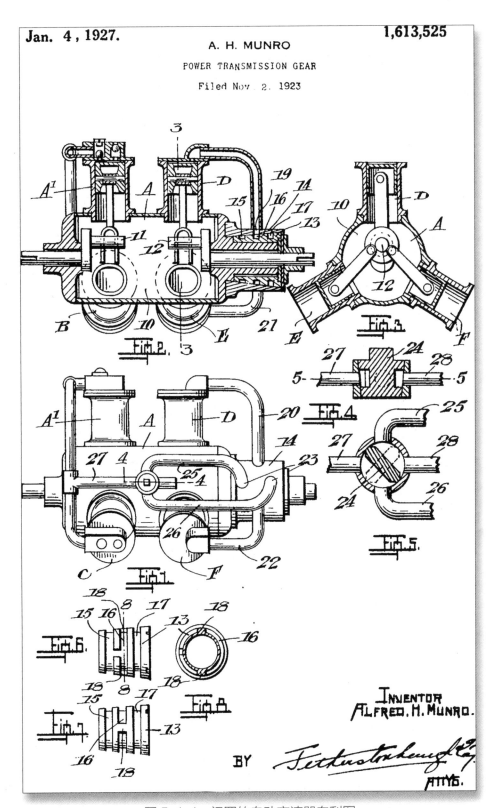

图 5-1-1 门罗的自动变速器专利图

齿轮组设计，共有4个前进挡和1个倒挡。前进挡中包括两个"低挡"和两个"高挡"。起步时，需要踩下离合器踏板，先选择"低挡"，然后才能在"低挡"中的两个挡位间自动换挡；如果想变换到高挡位，也要踩下离合器踏板，先选择"高挡"，然后才能在"高挡"中的两个挡位间自动换挡。这种半自动变速器装备在1937—1939年的奥兹莫比尔汽车和1938年的别克汽车上。

半自动变速器仍然需要踩离合器踏板和手动选择挡位，显然不能令人满意。从1936年起，汤普森的团队开始重新设计，目标是设计一款"全自动"的变速器。正在这时，团队来了一位新成员奥利弗·凯利。他之前在通用汽车的卡车部门工作，曾开发并掌握液力传动技术。他加入团队后，就提出用液力耦合器替代离心式离合器的建议。汤普森采纳了这个建议，他们终于在1939年5月推出世界第一款大批量生产的全自动变速器Hydra-Matic。

Hydra-Matic自动变速器采用液力耦合器+行星式齿轮组的结构，使用3套液压控制的行星齿轮组合负责变速，如图5-1-2，可产生4个前进挡和1个倒挡。它可以根据汽车速度、加速踏板位置等信息，不需要踩离合器踏板，就能自动完成升挡和降挡。这是一款真正的自动变速器。

Hydra-Matic自动变速器率先装备在1940年款的奥兹莫比尔汽车上（图5-1-3）。据说这样做是出于两大原因：一是规模经济，奥兹莫比尔的产量在当时比凯迪拉克和别克都大，从而提供了更好的测试基础；二是防止新变速器出现故障后损害豪华汽车凯迪拉克和别克的声誉。

Hydra-Matic在实际应用中的性能表现非常好，被誉为是"自自动起动器以来最伟大的汽车技术进步"，很快它也被用在凯迪拉克、庞蒂亚克、哈德森、林肯、劳斯莱斯、宾利等汽车上（图5-1-4，图5-1-5）。在第二次世界大战期间，Hydra-Matic还被用在一些军用汽车和M5、M24等坦克上。Hydra-Matic自动变速器的生命周期很长，一直生产到1956年才被替换，总产量高达1300万台。

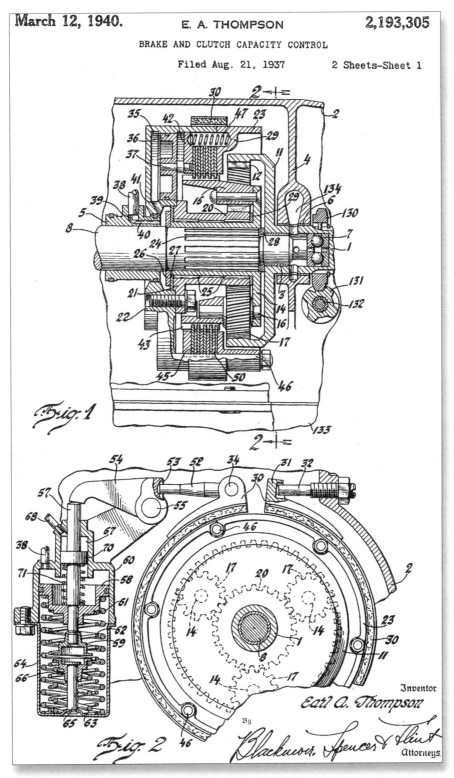

(a) 制动和离合装置控制
图 5-1-2

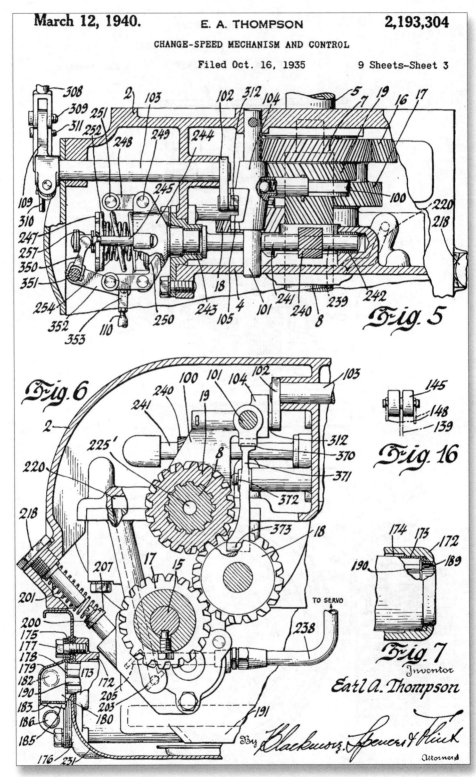

（b）变速机构与控制1

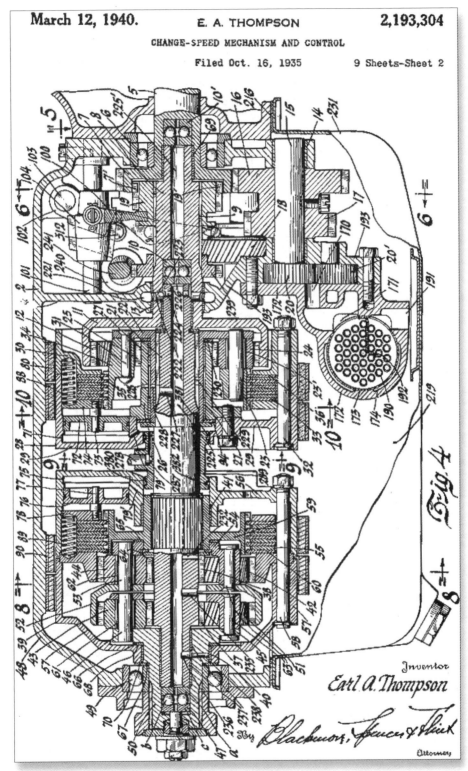

（c）变速机构与控制 2
图 5-1-2

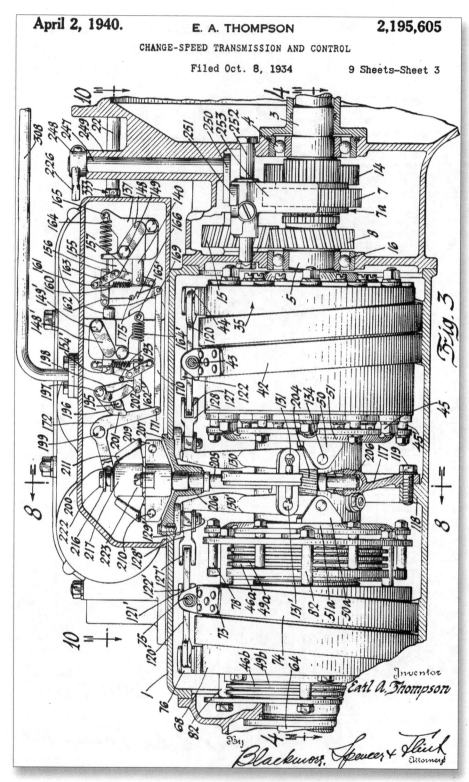

（d）变速机构与控制3

图 5-1-2　厄尔·汤普森自动变速器专利图

(a)

图 5-1-3

图 5-1-3　奥兹莫比尔 Hydra-Matic 自动变速宣传图

图 5-1-4　凯迪拉克汽车 Hydra-Matic 自动变速器宣传图

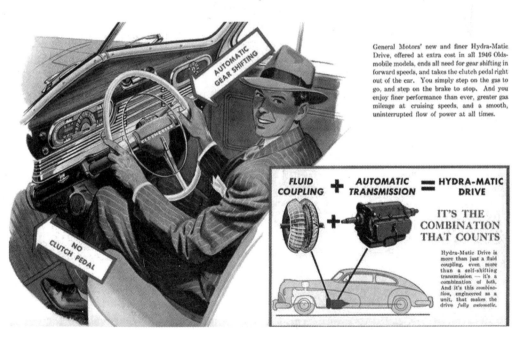

图 5-1-5　通用汽车 Hydra-Matic 自动变速器宣传图

在 Hydra-Matic 自动变速器使用的 15 项最主要专利中，有 9 项都是厄尔·汤普森发明的，他也因此被誉为"自动变速器之父"。然而，功成名就的汤普森在完成自动变速器的设计任务后，于 1940 年离开了通用汽车公司，开始自主创业。1967 年 4 月 20 日，厄尔·汤普森去世，享年 85 岁。

第 2 章
自动巡航控制的发明：蒂托/1945

汽车时快时慢令人难受，盲人工程师要掌控车速。

美国人拉尔夫·蒂特（Ralph Teetor）在5岁时的一次事故中失明。然而，他身残志坚，22岁时从宾夕法尼亚大学毕业，获得机械工程学位。这种顽强的学习精神注定他的人生会很精彩。毕业后，蒂特顺利成为一名海军工程师。他曾利用自己高度发达的触觉，解决了驱逐舰上汽轮机转子动态平衡的技术难题。

1935年的一天，拉尔夫·蒂特和他的律师一起出门办事。律师一边开车一边和他聊着天。然而不多久，蒂特感觉有点难受，像是晕车。蒂特虽然是一位盲人，但他是海军工程师，连船都不晕的他怎么会晕车？敏感的蒂特很快就发现，律师说话时开车速度就慢，不说话时开车速度就快。时快时慢的车速正是蒂特晕车的原因。

蒂特对律师的开车方式很恼火，但这也是律师的开车习惯，一时还不好改正。事后蒂特就想，如果能让汽车以恒定的速度行驶就好了，这样不仅驾驶者省事省力，乘坐者也不会感觉难受。于是乎，蒂特着手设计一种汽车速度控制系统。

汽车的速度主要由发动机节气门的开度控制。节气门就像是一个门，打开得越大，车速就越快。汽车的加速踏板（俗称油门踏板）通过索线直接控制节气门的开度，因此踩加速踏板就能控制车速。要想实现对车速的自动控制，就要实现对节气门开度的自动控制。

盲人是没有办法开车的，一切都要凭触觉和听觉感知环境和汽车，所以蒂特的研制工作要比常人更为艰难。历经十年的不懈努力，1945年，蒂特终于研制成功车速控制系统（图5-2-1）。蒂特设计的车速控制系统，用一个电机通过

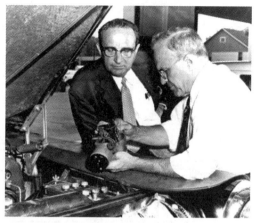

图5-2-1　拉尔夫·蒂特（右）正在演示他的车速控制系统

一个双向螺杆控制节气门的开度，而电机则由方向盘旁边的手动控制器控制，这样开车人就可以很方便地调节和控制车速，如图5-2-2。当时的发动机还没有实现ECU（电子控制单元）控制，蒂特的发明只是一个简单的手动车速控制，不能对车速进行定速控制，上坡时车速可能会慢些，下坡时则可能会快些。听起来这更像是一个"手油门"机构。

然而，汽车厂商对蒂特的发明并不太认可，觉得人们对车速控制的需求不大，而且增加一套控制系统还会增加制造成本。一直到1958年，也就是发明13年后，蒂特的"车速控制"才开始商业化，并率先装备在克莱斯勒汽车上。

现在的定速巡航控制系统已完全由ECU控制，并实现闭环自动控制，将实际车速与设定速度的差值作为输入量，当发现偏差时就会自动调节发动机节气门的开度，从而保证汽车以设定的速度恒速行驶，因此现在又称定速巡航控制系统。

现在高级轿车上配备的自适应巡航控制系统，就是在车速控制系统的基础上发展来的，可以实现自动跟随前车行驶，必要时可以减速甚至制动停车。

在自适应巡航控制系统的基础上，现在又扩展到对汽车转向的控制，从而发展出自动驾驶技术。因此可以说，蒂特不仅是汽车速度控制系统的发明者，而且也是汽车自动驾驶技术的鼻祖。

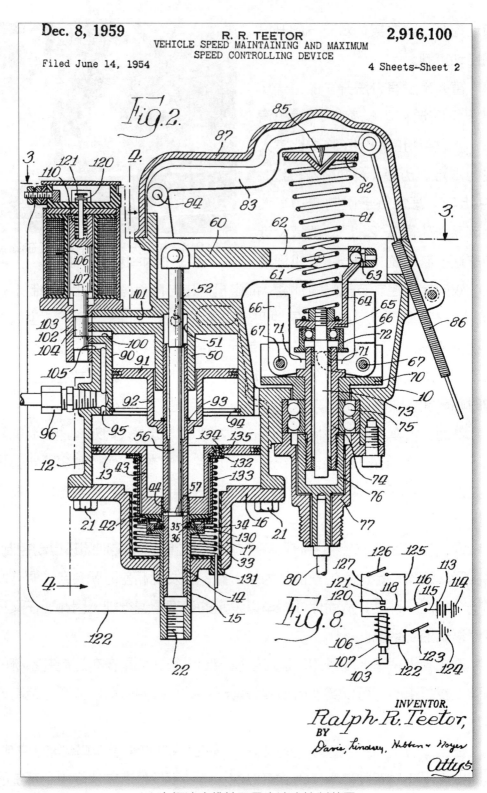

(a) 车辆速度维持和最大速度控制装置

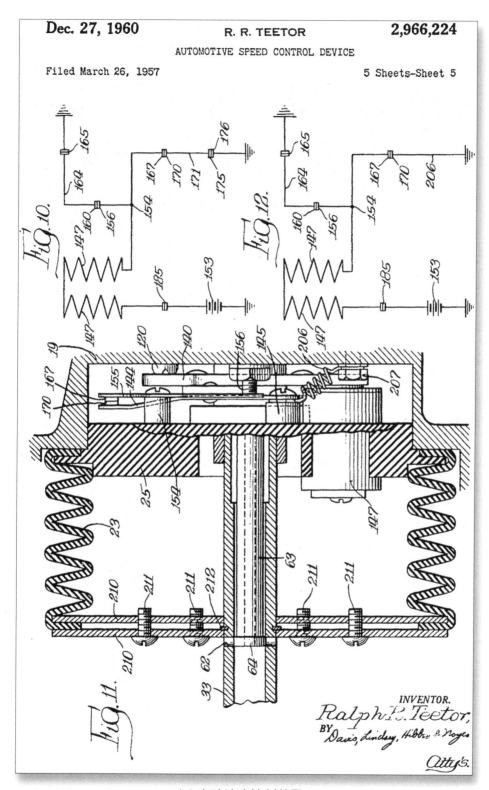

(b) 自动速度控制装置1
图 5-2-2

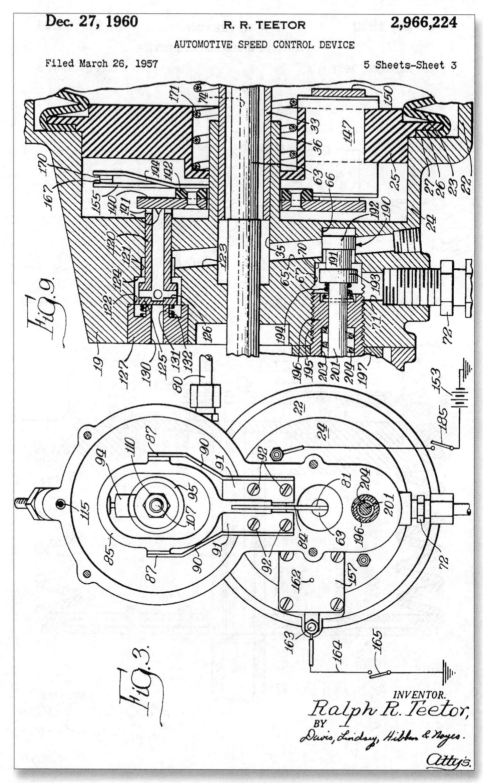

(c)自动速度控制装置2

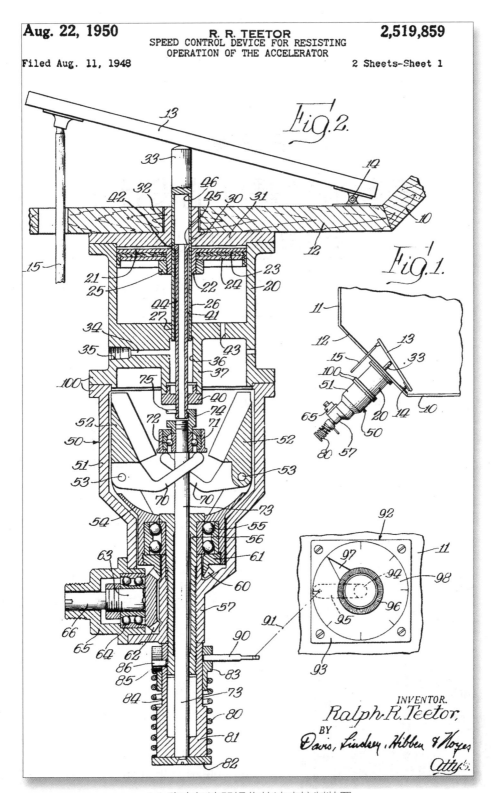

(d) 稳定加速器操作的速度控制装置
图 5-2-2　拉尔夫·蒂特车速控制系统专利图

第 3 章
麦弗逊式悬挂的设计：麦弗逊/1947

现在最流行的悬挂，竟以他的名字命名。

在看轿车的配置表时，你常会发现"麦弗逊式悬挂"的字样。"麦弗逊"是一位汽车设计师的名字，全名是厄尔·麦弗逊（Earle S. MacPherson，图5-3-1）。麦弗逊式悬挂就是他在1947年发明设计的。

厄尔·麦弗逊于1891年7月6日出生在美国伊利诺伊州，1915年毕业于伊利诺伊大学。此时正值第一次世界大战，他在一家汽车公司短暂工作后就被派往欧洲，为美国陆军研究航空发动机。在那里他对先进复杂的工程技术有了接触和认识，从而决定了他在接下来的半个世纪里所做出的一切。

图 5-3-1　厄尔·麦弗逊

第一次世界大战结束后，厄尔·麦弗逊获得上尉军衔回到美国，先后在两家汽车公司工作后，于1934年加入通用汽车公司技术中心。仅仅一年后，厄尔·麦弗逊就成为通用汽车公司雪佛兰部的首席工程师。

1945年，通用汽车公司相信战后经济将大发展，汽车销量将大增，对汽车的需求将出现多样化，于是就要求雪佛兰尽快打造一款重量在900千克以内、轴距不超过2.74米、价格不高于1000美元的四座轿车，并把这个项目命名为凯迪德（Cadet）。厄尔·麦弗逊被任命为凯迪德项目的总工程师。

当时的轿车设计布局还以前置发动机、后轮驱动为主，悬挂系统以板簧和扭力杆为主，前后都是非独立悬挂。这种悬挂设计虽然坚固耐用，但舒适性不足，操控性也差。厄尔·麦弗逊考虑到轿车主要用于人们乘坐而不是货物运输，就决心设计一款舒适性更好的轿车。

要想提高汽车的舒适性，当然要从悬挂系统下手，最好的办法就是采用四轮独立悬挂系统，也就是四个车轮之间相互独立，运动时不相互干扰，当一个车轮跳动时不会影响其他车轮的正常运转，这样才能保证汽车拥有较好的舒适性。但注重舒适性的悬挂设计一般都比较复杂，制造成本也较高，因此一般都配备在豪华轿车上，比如当时的凯迪拉克轿车。厄尔·麦弗逊当时面对的最大挑战就是设计一种既注重舒适性又结构简单的独立式悬挂。

厄尔·麦弗逊一改当时盛行的钢板弹簧与扭杆弹簧结合的前悬挂方式，巧妙地将减振器放在螺旋弹簧中间，共同组成一个独特的支柱。支柱的顶端与车身相连，底端则与轮毂托架及车身相连。这样支柱不仅起到支撑车身的作用，而且还能吸收车轮上下跳动时产生的振动，保证车辆拥有较高的舒适性。四个车轮的悬挂结构相互独立，组成四轮独立悬挂系统，如图5-3-2。

据同事后来回忆说，厄尔·麦弗逊不喜欢仓促设计，他喜欢把事情想透彻后再开始动手。虽然初看有点慢，但从长远来看这样更省钱。即使如此保守谨慎，厄尔·麦弗逊还是很快就完成了设计，并在1946年打造出三辆凯迪德原型车，它们都是采用厄尔·麦弗逊设计的四轮独立悬挂系统。

在原型车的测试中，凯迪德的舒适性表现不错，操控性表现更为突出。测试人员评价凯迪德的操控性甚至胜过当时的凯迪拉克轿车。然而不

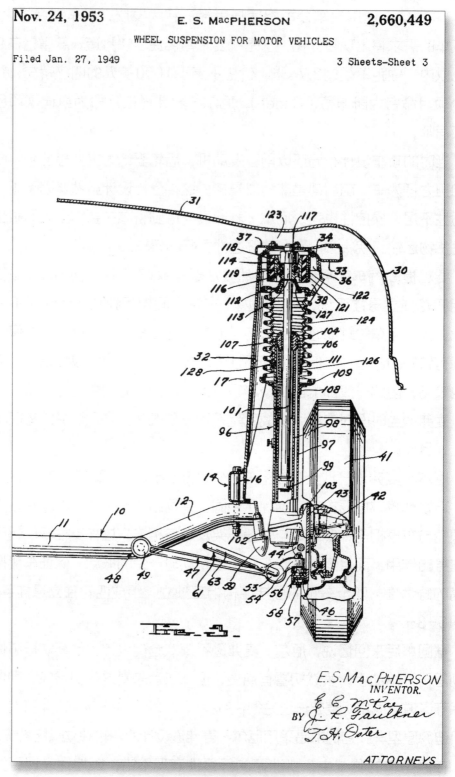

（a）机动车车轮悬挂

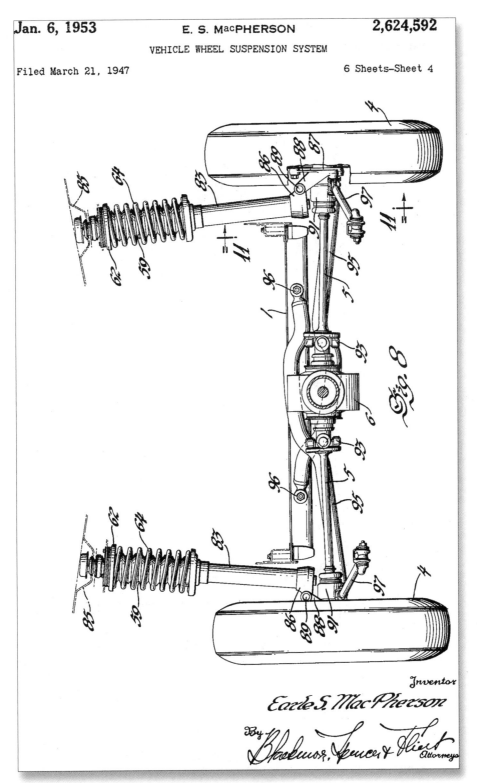

(b)机动车车轮悬挂系统1

图 5-3-2

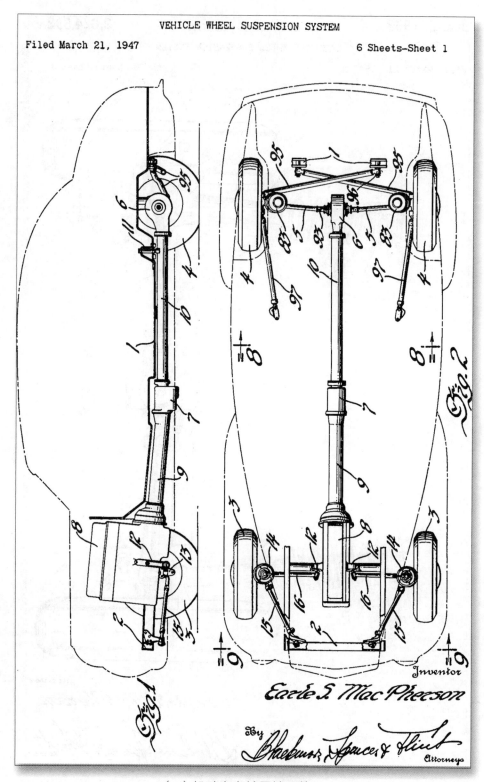

(c)机动车车轮悬挂系统2

图5-3-2 厄尔·麦弗逊的悬挂设计专利图

幸的是，凯迪德项目最后还是被取消了，因为它的制造成本超出了1000美元。据测算，凯迪德必须每年卖出去30万辆才能赢利，而这在当时是不可能的。

厄尔·麦弗逊负责设计的新车型虽然没有投产，但他创新设计的独特悬挂在1947年获得了发明专利。此后，人们将这种把减振器和螺旋弹簧集成在一起的悬挂称为麦弗逊式悬挂。

厄尔·麦弗逊对取消凯迪德项目非常失望。他正在郁闷，福特汽车公司来邀请他加入，厄尔·麦弗逊1947年跳槽了，他要在福特继续施展他的设计才华，尤其是要将他的独特悬挂设计应用在量产汽车上。在此后的几年内，厄尔·麦弗逊致力于将他的设计融入福特的新车中。1950年，麦弗逊式悬挂率先应用在福特英国子公司生产的Consul车型上，反响非常好，随后迅速扩展到福特其他车型上。

麦弗逊式悬挂结构简单，制造成本低廉，而且节省空间，这对于前置发动机、前轮驱动的车型非常有利。麦弗逊式悬挂从20世纪70年代开始大放异彩，几乎所有经济型和中型轿车的前轮，甚至一些车型的四个车轮上，都采用麦弗逊式悬挂设计。至今麦弗逊式悬挂仍是轿车上最常见的设计。

第 4 章
安全气囊的发明：赫特里克/1952

车祸后心有余悸，要用气袋挡在面前。

1952年的一个星期天，阳光明媚，空气新鲜，美国人约翰·赫特里克（John Hetrick，图5-4-1）驾驶克莱斯勒汽车，带着妻子女儿去郊游踏青。当他驾车翻过一个山岗后，突然看到路中间有一块石头挡住了车道。赫特里克本能地打方向盘避让，结果连车带人冲进了路旁的沟中。幸亏车速不快，车损并不严重，人也没有受伤，但赫特里克却越想越怕。当时的汽车还没有装安全带，如果车速再快些，坐在前排的女儿就可能撞到仪表板了，甚至从前风挡玻璃甩出去。赫特里克当时在美国海军担任工程师，他就想能否设计一个什么东西，在撞车时能够保护乘员不被撞击。

赫特里克仔细研究后发现，发生事故后的车内乘员冲撞属二次伤害，而且是发生在第一次碰撞后的0.03秒内，因此设计的防撞装置必须在这个短暂的瞬间起作用。一开始他想将车内仪表板设计成软性的物件，但风挡玻璃仍是最大危险，此路不通。后来他偶然看到消防人员用气垫救助跳楼女孩，赫特里克很受启发，决定设计一个"气垫"，在碰撞瞬间"垫"在乘员前面，避免乘员受

图5-4-1 约翰·赫特里克

到撞击的伤害。

沿着这个思路,赫特里克设计了一个装有压缩空气的储气筒,如图5-4-2,当汽车受到正前方的强烈碰撞时,在惯性力的作用下推动一个滑动的重块移动,从而打开储气筒的开关,将压缩空气迅速充入一个空气袋中,充满空气的袋子迅速"垫"在乘员胸前,起到人员受伤的作用。

1952年8月5日,赫特里克为他发明的汽车安全垫申请了"汽车缓冲安全装置"专利,并在1953年8月18日获得批准。

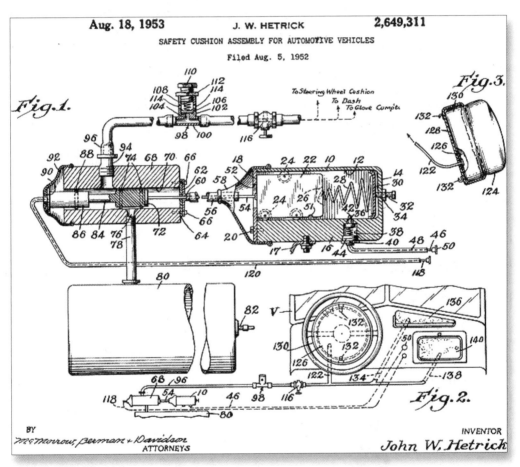

图 5-4-2　赫特里克安全气囊专利图

虽然赫特里克极力向美国的汽车制造商推荐他的发明,但以营利为目标的制造商们对赫特里克的发明并不感兴趣。除了会增加汽车制造成本外,主要还是这个发明并不实用,因为他设计的惯性滑动重块触发装置的反应速度不够快,充气速度也慢,在0.03秒内无法完成触发和充气。然而，汽车制造商们后来使用的安全气囊，都是根据赫特里克的先触发、后充气的原理设计的，只不过采用的触发和充气方式有所不同。因此，人们仍把赫特里克称为安全气囊的鼻祖。

1968年，美国工程师艾伦·布里德（Allen Breed）改进了安全气囊的触发装置，他采用机电球管式传感器，在发生事故时能够迅速而可靠地触发安全气囊。他还获得了"传感器和安全系统"的发明专利。这是世界上第一个采用机电传感器的汽车安全气囊。

后来布里德的公司又与克莱斯勒公司及一家防务公司合作，借鉴战斗机弹射座椅的固体推进剂技术，在化学家约翰·皮茨（John Pietz）的协助下，开发出一种叠氮化钠推进剂。这是一种常温稳定、高温分解的混合物，或者说它就是一种炸药，遇高温时会迅速分解，像爆炸一样产生大量气体，用来充入安全气囊。这也是现在安全气囊普遍采用的"爆炸"技术。现在的安全气囊确实是个爆炸装置，里面装有随时爆炸的炸药。

安全气囊是怎样工作的？

现在的安全气囊由加速度传感器、控制器、点火器、气体发生器（点火剂和叠氮化钠）和气囊组成。它的工作原理如图5-4-3所示，具体来说：

① 车辆发生正面碰撞时，控制器根据加速度传感器发出的信号，识别和判断碰撞的强度，当碰撞强度达到设定条件时，迅速触动点火器。

② 点火器引燃点火剂的瞬间会产生大量热量，导致叠氮化钠迅速分解，产生氮气。其化学反应方程式是：$2NaN_3 \rightarrow 2Na + 3N_2$。

③ 氮气迅速充入气囊，使气囊膨胀起来，保护乘员头部和胸部不受伤害。

图5-4-3　安全气囊工作原理

第 5 章
盘式制动器的发明：邓禄普/1953

盘式制动器，成了赛车的制胜法宝。

在1953年的勒芒24小时耐力赛上，英国捷豹派出三辆C型战车上场，结果分获冠军、亚军和第四名，一时间震惊车坛。而在上一年的勒芒大赛中，捷豹派出的三辆赛车竟然全军覆没。是什么原因让捷豹赛车一步登天？对手们纷纷猜测，最后一致认为，盘式制动器是捷豹赛车的制胜法宝。

相比竞争对手的鼓式制动器，捷豹赛车上装备的盘式制动器的散热性更好，响应更快，制动力更强，在入弯前不用那么早踩制动，可以让赛车再飞会儿。这样自然就会提高赛车的平均车速。没有制动就没有速度，制动性能越高，它允许的车速也越高，获胜的把握就越大。

其实，早在1902年，英国汽车先驱弗雷德里克·兰彻斯特（Frederick W.Lanchester）就获得了盘式制动器的发明专利权。但当时的制动盘很薄，由黄铜这样的软金属制成，如图5-5-1，不仅制动时会发出噪声，而且当时道路上尘土飞扬，它们的磨损也很快。虽然它的散热性能较好，但寿命并不长，而且是用钢丝拉线操作的，实用效果并不好，所以从来没有进入批量生产。

克莱斯勒汽车公司曾采用由兰伯特（H.L. Lambert）发明的一种很独特的盘式制动系统，并配备在两个1950年款车型上。如图5-5-2，这种制动器使用两个制动盘与制动鼓的内表面摩擦，而不是使用制动卡钳挤压

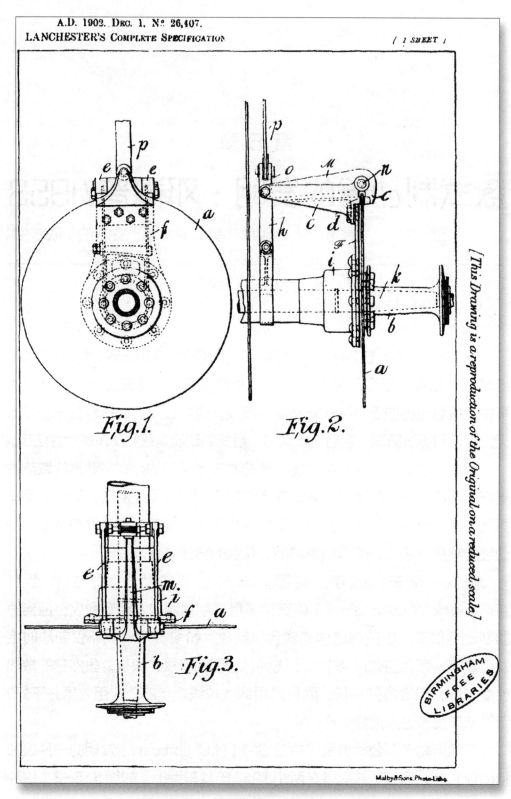

图 5-5-1　兰彻斯特盘式制动器专利图

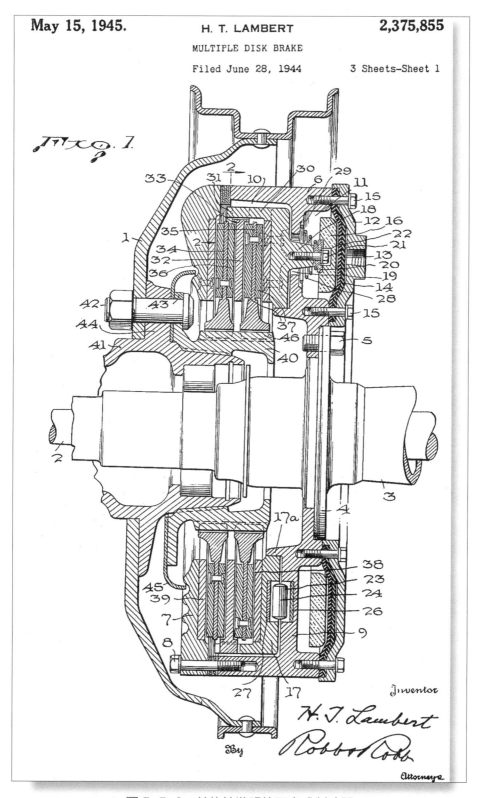

图 5-5-2 兰伯特发明的双盘式制动器

制动盘。这种半盘半鼓式制动器的性能还不错，但结构太复杂，制造成本过高，后来只好又换回了成熟可靠的鼓式制动器。

捷豹赛车在1953年的勒芒24小时耐力赛上使用的盘式制动器，是由英国的邓禄普（Dunlop）公司打造的。在第二次世界大战期间，邓禄普公司曾在飞机上试验盘式制动器，并希望在战后应用在汽车上。1946年，邓禄普公司试制成功汽车用的盘式制动器并申请了技术专利，然而却一直没机会在汽车上实际应用。一直到1951年才与捷豹汽车公司合作，共同研发盘式制动器（如图5-5-3），并计划拿捷豹赛车测试。

在1951年的一个小型汽车比赛中，捷豹赛车安装了盘式制动器，小试身手就获得了第四名。1952年6月，一辆装备盘式制动器的捷豹C型赛车，在一场国际比赛中竟然获得了冠军。然而在赛后检查时发现制动片磨损严重，以这种状态无法应对来年的勒芒24小时耐力赛。邓禄普不得不重新开发足够厚的制动片，以便让捷豹赛车能够坚持跑完24小时的比赛。

1953年，装备盘式制动器的三辆捷豹赛车在勒芒24小时耐力赛中获得全面胜利。虽然很难说是盘式制动器起了决定性的作用，但是经媒体报道渲染后，对手们开始意识到，如果赛车上不装备盘式制动器，那就很难赢得胜利。在1955至1957年的勒芒大赛上，装备盘式制动器的捷豹赛车竟然取得三连冠的胜绩。这下人们对盘式制动器的威力就更加相信了。盘式制动器很快成为赛车的标配（图5-5-4）。

1957年，捷豹顺势开始在其量产车上装备盘式制动器，从而使得捷豹品牌开始迈入高性能汽车行列。

现在盘式制动器已成轿车的标准配置，一些跑车的制动盘越来越大，卡钳活塞越来越多。然而，由于鼓式制动器的制造成本较低，因此一些经济型汽车的后轮上仍采用鼓式制动器，而对制动影响较大的前轮，一般都使用盘式制动器。

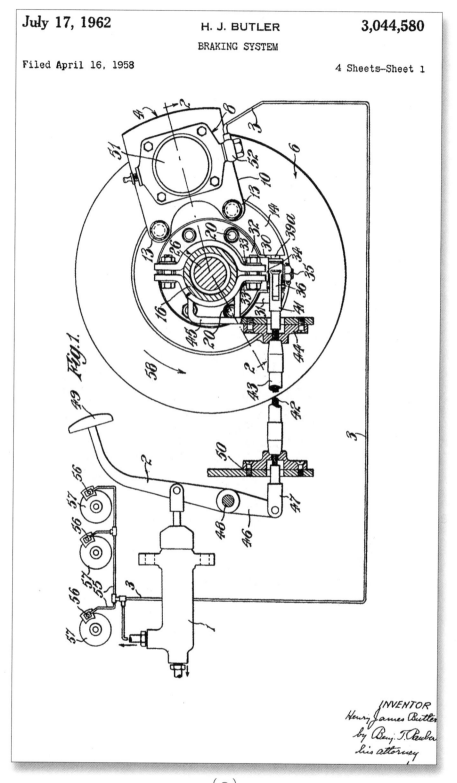

(a)

图 5-5-3

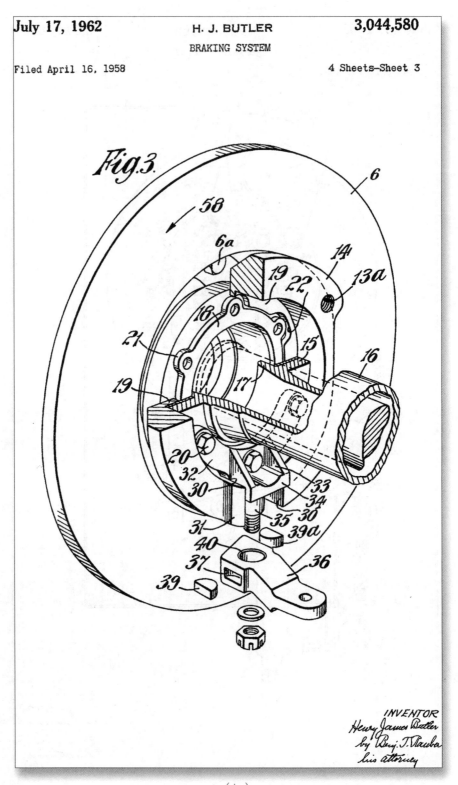

(b)

图 5-5-3 邓禄普发明的盘式制动器

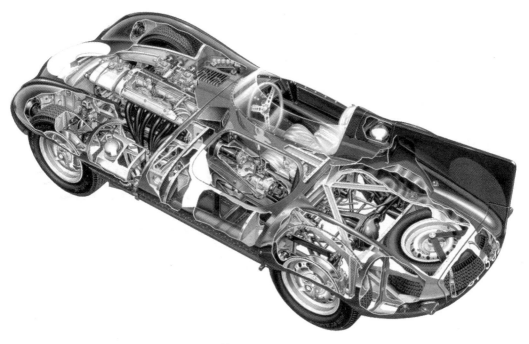

图 5-5-4　装有盘式制动器的捷豹赛车

第 6 章
自动调平悬挂的发明：马热/1954

一项奇特的液压悬挂技术，连劳斯莱斯都购买。

1942年1月的一天，保罗·马热（Paul Magès）得到一个调职通知，他被调到雪铁龙的研发部工作，与那里的高手们一起解决悬挂设计中的难题。

保罗·马热受宠若惊，他只是个绘图员，也没接受过正规的工程技术学习。他17岁时就开始找工作，非常幸运的是，他只是给雪铁龙公司寄了一份简历就被录取了。当时雪铁龙可是法国的大公司。保罗·马热负责维护保养生产设备。这是一个不需要什么技术但更需要责任心的工作。在这个岗位上他一干就是11年，到1936年，他被派到技术部门帮工程师们画图纸。

保罗·马热是个有心人，在技术部他学到了很多机械和汽车知识。可能是开发部实在是拿不出一个令人十分满意的悬挂设计方案，雪铁龙公司的CEO就让保罗·马热去试试。

保罗·马热研究了大量的悬挂设计资料后发现，悬挂系统对汽车的柔软性和操控性影响最大，而这两个性能是水火不相容。当汽车承载变重时，"柔软"的悬挂就会令人感觉底盘不稳、乱晃，软绵绵的；反之，当承载变轻时，"硬朗"的悬挂会令人感觉车身上下跳动、乱颠。悬挂设计必须根据车型定位、承载重量等选择一种合适的妥协方案，在柔软性和操

控性之间做出取舍。

马热仔细研究后意识到，最好设计一种性能可变的悬挂，低承载时软些，高承载时硬些。传统的机械式悬挂是无法做到的，它们的性能都是固定不变的。马热巧妙地利用液压和气体的特性，设计一种可以随承载量变化而自动调节性能的液压气动悬挂。

他将液压油与气体一起装入一个密封的液压球内。易被压缩的压缩气体在上，不易被压缩的液压油在下，两者用隔膜隔离。液压球下是一个油缸和活塞，活塞与悬挂连杆相连。如图5-6-1，当承载重时，悬挂连杆推动活塞挤压液压油使气体被压缩，悬挂性能变"硬"；反之，承载轻时，悬挂性能就会变"软"。由于是利用液压与气压的特性而设计的，因此，称这种悬挂为液压气动悬挂。

图 5-6-1 液压气动悬挂原理示意图

同时，当车辆行驶在不平路面、过弯或制动时，四个车轮上的承载重量都会发生不同变化，进而引起悬挂压缩行程的不同变化，这样可使车身保持水平，如图5-6-2，因此，也称这种悬挂为自动调平悬挂。

由于可以自动调平车身，这种悬挂在制动时还能阻止汽车"点头"，减小车身前冲的幅度。另外，液压球内的液压油由一个油泵供给，通过手动控制液压油的供给量，还可以调节汽车的离地间隙，使车身自如升降。

1954年，雪铁龙"前轮驱动"15H轿车的后悬挂率先采用液压气动悬挂，反响极佳。1955年，雪铁龙DS车型的前后悬挂都采用了液压气动

图 5-6-2　自动调平悬挂示意图

系统，如图5-6-3，并且还将它的液压系统扩展到转向助力、制动助力、离合器助力和车窗玻璃升降上。一时间，雪铁龙的超级液压系统成为当时高精尖的独门技术，甚至吸引劳斯莱斯购买专利技术，装备在1965年款银影（Silver Shadow）上。

图 5-6-3　采用液压气动悬挂的雪铁龙 DS19 轿车

第 7 章
前置前驱微型车的设计：
亚历克 /1959

车越小，越难设计。

1956年9月，苏伊士运河危机爆发，导致石油供应短缺，省油车开始受欢迎。欧洲各国的街道上出现了各种各样的超微型车，还有不少像是老人代步车那样的泡泡车，有三轮的也有四轮的。这些超微型车采用摩托车发动机，虽然可以省油，但噪声很大，安全性也差。有一天，英国汽车公司（BMC）的老板找到设计师亚历克·伊西戈尼斯（Alec Issigonis，图5-7-1）说："这些可怕的泡泡车太讨厌了，我们必须设计一种真正的微型汽车，将它们从街上赶走。"三年后，一款真正的微型车"迷你"（mini）正式上市。

亚历克·伊西戈尼斯于1906年出生在奥斯曼帝国的港口城市士麦拿，也就是今天土耳其的第三大城市伊兹密尔。他从小就对机械有着浓厚

图 5-7-1　亚历克·伊西戈尼斯

的兴趣。17岁时随母亲到英国伦敦定居，并到伦敦巴特西理工学院学习工程学。他可不是个学霸，而是有些偏科，数学成绩特别差。在三次数学考试不及格后，亚历克宣称："数学是最没有创意的学科，有创造性的人都恨透了数学，除非你想成为爱因斯坦。"当他最后勉强通过数学考试时，他的妈妈送给他一辆汽车作为奖励。他竟然开着这辆汽车来了一趟欧洲大陆游。

1928年，22岁的亚历克得到了第一份工作，进入一家设计公司研究半自动变速系统。1933年，他跳槽到亨伯公司研究和设计汽车悬架系统。后来他又跳槽到莫里斯（Morris）车厂，设计了莫里斯"迷诺"（Morris Minor）。此车省油、省车位的特点正好符合战后经济衰退环境下人们的需要，因此获得了巨大成功，从1948年投产，到1972年才停产。

1952年，莫里斯和奥斯汀两家汽车公司合并，成立了英国汽车公司（BMC）。由于担心合并后不被重用，亚历克就跳槽到阿尔维斯（Alvis）汽车公司。1956年初，亚历克又被请回到BMC，这年他50岁。

亚历克回归后的第一项设计任务就是设计一款前置发动机、后轮驱动的大型轿车。正当一切进展比较顺利的时候，1957年3月，BMC老板给他一个设计微型轿车的紧急任务，要求在最短时间内完成绘图、设计、开发、测试和生产准备。其实，设计小型和微型汽车一直是亚历克最喜欢的工作，他觉得这比设计大型车更具有挑战性。

虽然亚历克是从一张白纸开始微型车设计的，但他只用4个月就完成了图纸设计工作。他打破常规，破天荒地将发动机横放在前部，并且采用前轮驱动，如图5-7-2、图5-7-3。那个时候的微型汽车，无论是大众的甲壳虫，还是菲亚特126，都流行把发动机放在车后部，采用后轮驱动。这是因为微型车空间本来就小，当时的技术还不能将发动机、变速器、传动系统和转向机构整合放置在一处。然而，亚历克却来个前后颠倒，把动力系统、传动系统和转向系统都放在狭小的汽车前部空间。虽然此前也有这么设计的，但那是在中型车上，空间相对比较大，可以自如地安排这些系统。亚历克的独特创新设计主要有三个：

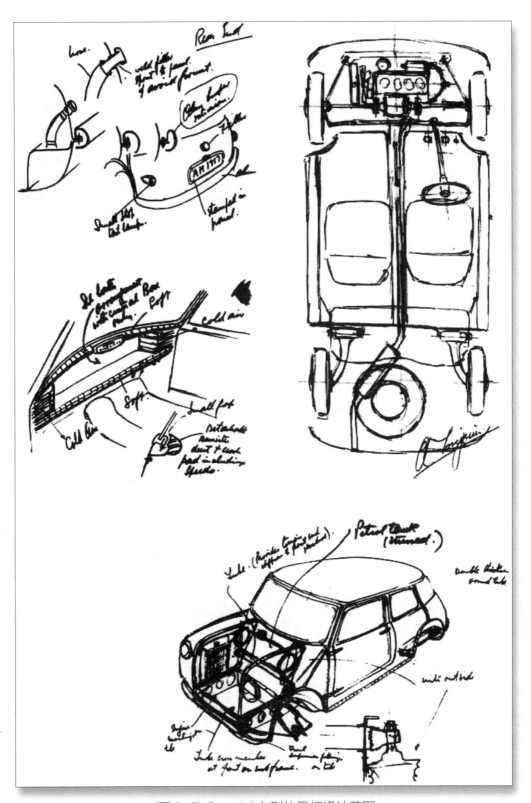

图 5-7-2　mini 车型的最初设计草图

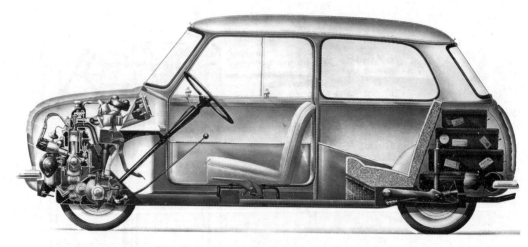

图 5-7-3　mini 采用前置发动机前轮驱动设计

首先，他巧妙地将发动机和变速器整合成一体，使用同一套润滑系统，从而节省很多空间。

其次，他采用一种紧凑型的"橡胶锥"悬挂设计，利用橡胶的反作用力达到减振和支撑作用。这种简单的"橡胶锥"悬挂，不仅减小了侵入乘员舱的空间，而且也不需要维护，经久耐用。

最后，亚历克采用"四轮四角"设计，将四个车轮尽量靠近车身的四角，如图 5-7-4，从而在 3.3 米长、1.4 米宽的车身内，放下 4 张成人座椅。据称，汽车地板垂直面积的 80% 都作为驾乘和行李空间。

图 5-7-4　mini 采用"四轮四角"设计

1957年10月，亚历克领导团队打造了两台原型车并开始跑路试。差不多经过近两年的测试、调整和试生产，到1959年8月，定名"迷你"的微型车正式上市，而且一炮而红。"迷你"实用、省油、可爱，销量越来越大，后来发展成与大众甲壳虫、雪铁龙2CV、菲亚特500齐名的四大经典微型车之一，并且一直生产到2000年，生命期长达41年。

　　"迷你"的成功，使亚历克·伊西戈尼斯获得了很多荣誉，他被选为英国皇家学会会员，并被英国女王封为爵士。1988年10月，亚历克·伊西戈尼斯在家中去世，享年82岁。他在"迷你"上的很多独创设计，至今仍被模仿。

第 8 章
三点式安全带的发明：博林/1959

挽救生命最多的技术发明。

1902年，在纽约举行的一场汽车竞赛上，一名赛车手为防止在高速中被甩出赛车，用几根皮带将自己拴在座位上。竞赛时，他们驾驶的汽车因意外冲入观众群，造成两人丧生，数十人受伤，而这名赛车手却由于皮带的缘故死里逃生。这根皮带算是安全带在汽车上的首次使用，但真正将其作为汽车上的安全配置，则要归功于瑞典人尼尔斯·博林（Nils Bohlin，图8-1）。

图 5-8-1　尼尔斯·博林

1958年，尼尔斯·博林加入沃尔沃，担任首席安全工程师。他上任的第一项任务就是设计一款真正安全的安全带，用来装备沃尔沃最新推出的汽车。据称，当时沃尔沃公司的首席执行官贡纳尔·恩格尔劳的一位亲戚，在一场车祸中不幸丧生，这促使沃尔沃开始重视汽车安全性能的研究和开发。博林正是在这种情况下，接受这个极具挑战性任务的。

出生于1920年的博林，从1942年

起开始为飞机制造商萨博（SAAB）工作，担任飞机设计师，并帮助研发弹射座椅，因此他对于极端条件下如何保障生命安全有着深刻的研究。实际上，此时已有汽车使用的安全带，只不过是两点式的，就像现在飞机上那种系在腹部的安全带一样，腹部上有一个扣环。然而，这种两点式安全带有个致命弱点，就是被在高速碰撞中腹部被施加巨大的力量，有可能给乘员造成严重内伤。因此当时只有赛车上才配备安全带，将赛车手绑在车上，防止碰撞时把自己甩出车外。

另外，博林在萨博公司时曾研究过飞机上使用的更复杂的四点式安全带，但他知道这种四点式安全带在汽车上是无法固定和支撑的，必须开发一种适合汽车的更有效可靠的安全带，来保护乘员免受汽车碰撞时带来的伤害。

博林后来回忆说，他当时面临的最大的挑战是：找到一种简单而有效的解决之道，让人们可以用一只手完成整个操作过程。为此，他总结归纳出可靠安全带必须满足的条件：首先，安全带必须包含一段环绕臀部或大腿的部分、一段跨越上半身胸前的对角线部分，即让安全带跨越骨盆和肋骨部位，并固定在座位旁边低处的固定件上；其次，安全带的几何造型是一个V字，交叉点的尖端靠近地板的位置，让安全带在承受力量时能够保持在应有的位置上，不会随意移动。

博林花费了大概一年的时间，借用他在萨博公司研制弹射座椅所获得的经验，创造性地把搭扣从中部挪到了一侧（如图即5-8-2），就这样，V字形三点

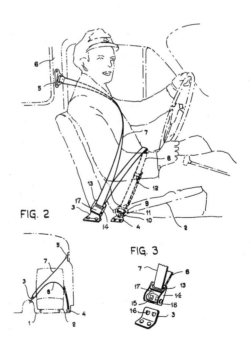

图 5-8-2　尼尔斯·博林发明三点式安全带的专利图

式安全带就此诞生。实际上，他是把两点式和四点式安全带的设计进行了中和，既牢固可靠，又简单有效。这种安全带不但符合工效学原理，也更加人性化，一只手就能完成整个系带操作。

1959年，沃尔沃公司为博林设计的V字形三点式安全带申请了专利，并装备在新上市的沃尔沃P120型和PV544型上。

然而，由于对使用安全带的好处宣传不够，加上当时汽车速度还不是很快，安全带的安装率和使用率都非常低。

直到1967年，尼尔斯·博林在美国发表了《28000起交通事故报告》，这才引起人们对三点式安全带的关注。这个报告中记录了1966年瑞典国内所有沃尔沃汽车发生的交通事故。报告显示，在事故中，凡是没有系三点式安全带的乘员非死即伤。而在驾乘舱完好的事故中，系三点式安全带的乘员都没受到致命伤害。这个报告震惊了公众和官方，人们确信三点式安全带确实能挽救人们的性命。更难能可贵的是，沃尔沃公司和博林决定，从1968年起，将三点式安全带的发明专利免费供公众使用。

1968年，美国规定所有新车都要安装三点式安全带。中国对前排座位三点式安全带的强制使用规定于1993年7月1日正式施行，当时违反规定者将会得到警告或者罚款5元的处罚。

自1959年以来，工程师们一直致力于改进三点式安全带，比如预紧式安全带等，但基本设计仍遵循博林当年的发明原理。

2002年9月，82岁的尼尔斯·博林去世。据美国国家公路交通安全管理局的统计，仅在美国，安全带每年就挽救了1.1万人的生命。至今，三点式安全带仍在时时挽救无数人的生命。可以说，三点式安全带是挽救生命最多的技术发明。

| 安全带的作用

| 汽车上的安全带是生命安全带，它主要有两大作用：
| ① 发生正面撞击时安全带阻止乘员向前冲撞。当行驶的汽车突然

遇到正面撞击，由于惯性的作用，车内乘员并不能随汽车的突然停止而停下来，而安全带把乘员绑在座椅上，可以防止碰撞脑袋。

② 防止安全气囊对乘员造成伤害。安全气囊是定向爆炸装置，它是按照乘员系安全带的情况确定起爆方向和力度的，以保护乘员的头部和胸部。如果没系安全带，乘员的身体在撞击瞬间可能东倒西歪，那么瞬间膨胀的安全气囊反而可能给乘员造成伤害。

第 9 章
转子发动机的发明：旺克尔/1960

虽然动力性表现不俗，但有一个致命缺陷：耐久性差。

1960年1月19日，在德国工程师学会会议上，费利克斯·旺克尔（Felix Wankel，图5-9-1）宣布，他拥有专利的无活塞回转式发动机，也就是转子发动机研制成功了！这种发动机具有结构简单、重量轻、体积小、噪声小、功率大的特点。这个消息震惊了世界车坛，瞬间刮起了一股转子热的旋风。当时约有100家汽车公司提出合作计划，购买旺克尔的专利技术。这其中包括美国的通用、福特，日本的丰田、日产、马自达、铃木，英国的劳斯莱斯，法国的雪铁龙，意大利的阿尔法·罗密欧以及德国的奔驰、保时捷等。但是，经过调研和试验发现，转子发动机的量产实用化难度实在是太高了，于是纷纷打了退堂鼓，最后不了了之。只有马自达坚持的时间最长，在2012年才停产转子发动机汽车。

费利克斯·旺克尔于1902年出生在德国巴登州的拉尔，他的父亲是一名护林员。家里并不富裕，他中学还没有毕业就被迫去工作挣钱来贴补家里。他一生没有上过大学，更没有获得什么学位，

图 5-9-1 费利克斯·旺克而尔

完全是一位自学成才的卓越工程师。他后来回忆说，在他年轻的时候，他只有一种天赋，就是擅长机械绘图。

据报道，旺克尔在17岁时就告诉朋友说，他将用一种新型的发动机来制造汽车，这种发动机使用"半涡轮、半往复"的技术。这可能就是他脑中最早出现的转子发动机的概念。

1926年6月，24岁的旺克尔从一家出版社辞职，和朋友一起自主创业，开设了一家汽修店。他利用开汽修店的便利条件，发明了转子发动机，并在1929年获得发明专利。该发动机没有活塞，也没有汽缸，它只有一个三角形转子和一个椭圆形燃烧室，如图5-9-2但它与传统的发动机相比，可以在更小的空间内产生更多的能量，而且振动非常小。

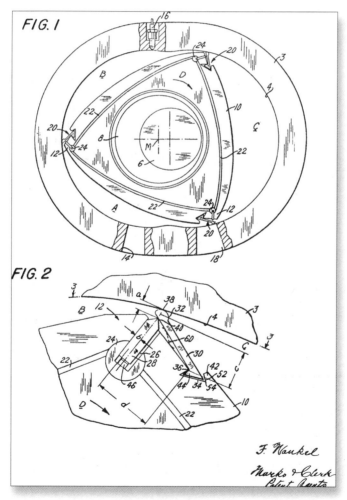

图5-9-2　旺克尔发动机构造专利图

1933年，旺克尔建立了旺克尔实验室。

在第二次世界大战期间，旺克尔实验室专注于研究密封件技术（图5-9-3），并将其用于空军飞机、海军鱼雷和奔驰汽车上。第二次世界大

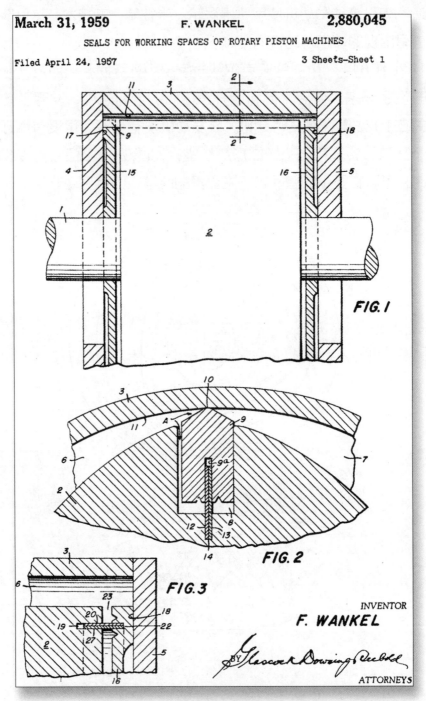

图5-9-3　旺克尔密封件技术专利图

战后，旺克尔实验室被法国占领军关闭，他也被关押了好几个月。被放出来后，旺克尔被限制从事很多工作。然而到了1951年，有一家公司资助他继续转子发动机的研究。1954年，旺克尔与NSU公司（奥迪前身之一）合作，完成了第一个转子发动机的设计，并在1957年制造出第一台转子发动机的原型机，然后就是进行各种专业测试。

1960年1月，旺克尔宣布转子发动机研制成功。同年，装备转子发动机的NSU改装汽车亮相。从这时候起，"旺克尔发动机"成为转子发动机的别名。1963年，装备转子发动机的NSU Spider汽车（图5-9-4）亮相并在1964年投产。这是第一款采用转子发动机的量产汽车。

图5-9-4　NSU Spider 汽车

1967年，NSU又推出转子发动机豪华轿车Ro 80（图5-9-5）。NSU Ro 80装备双转子发动机，虽然动力性表现不俗，但有一个致命缺陷：不耐用。由于的结构问题，转子发动机磨损非常严重。最早行驶2万千米后发动机就要出毛病，行驶5万千米后发动机就要大修。与此同时，转子发动机天生的高油耗，以及经销商与机修师对转子发动机的技术知之甚少，导致消费者信心丧失，销量越来越小。到1977年，NSU Ro 80就停产了。10年,间，NSU Ro 80共生产了37406辆。

图 5-9-5　NSU Ro 80 汽车

旺克尔一生也没学过开车，因为他的眼睛视力太差，体检都过不了关，因此也拿不了驾照。但他有一辆转子发动机汽车NSU Ro 80。1986年，他将自己的实验室以1亿德国马克的价格卖给了戴姆勒–奔驰公司。1988年，旺克尔因病去世，终年86岁。

第 10 章

转子发动机跑车的设计：马自达/1967

"转子四十七士"共同努力，消除"恶魔的爪痕"。

---

20 世纪 60 年代早期，马自达（当时被称为东洋实业）面临巨大的挑战，技术落后，产品竞争力低。时任马自达总裁的松田恒二认为，要想生存下去，就必须拥有一项独门技术。当时全球都在热炒转子发动机，马自达通过关系与西德 NSU 车厂联系，在 1961 年 2 月获得转子发动机专利授权。同年 7 月，马自达指派 8 位技术人员远赴 NSU 车厂接受技术培训。NSU 车厂向马自达的技术人员展示转子发动机的卓越性能，他们在运转的转子发动机上放一枚硬币，这枚硬币竟然屹立不倒。这种展示发动机稳定性的表演一下子震惊了日本人。

日本技术人员学成回去后却发现，转子发动机在运转一段时间后，转子室内壁会出现波状刮痕，被戏称为"恶魔的爪痕"，如图 5-10-1。这个问题不解决就无法实现量产。1963 年，马自达成立转子发动机研究部，并任命山本健一率领 46 位工程师攻关。此 47 人后来被称呼为"转子四十

图 5-10-1　转子发动机中的"恶魔的爪痕"

图 5-10-2 转子发动机构造图

七士"。

由于转子发动机的构造独特，转子以偏心圆的方式在椭圆形空间里回转，如图5-10-2、图5-10-3。为了让它的三个面与缸壁之间保有一定的气密性，其三个顶端装设一种菱形密封件，简称菱封。菱封在内部弹簧片的作用下像活塞环那样起到密封作用。经过日积月累的偏心圆运转，菱封对燃烧室内壁造成波状刮伤。经过不断地测试发现，波状刮痕的间隙与菱封固有振动频率相同，于是他们改变菱封的形状，在接近顶端处横向开孔，在交叉方向纵向开孔，改变它们的振动频率。1964年夏天，马自达又以新型的铝合金取代原先的菱封材质，总算消除了"恶魔的爪痕"。

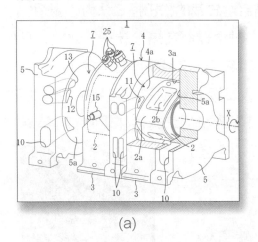

(a)

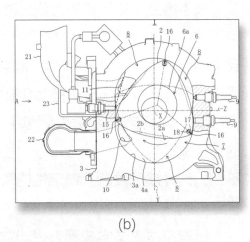

(b)

图 5-10-3 马自达转子发动机专利图

1967年5月30日，装备转子发动机的马自达Cosmo Sport亮相，一时震动世界车坛。当时，日本正处于经济高速增长时期，国民收入增长迅速，高速公路网开始扩大，光明的未来正等待着马自达。1968年，马自达又推出第二款转子发动机汽车Familia Rotary Coupe。

为了通过美国的废气排放标准，进军美国市场，马自达采取温控反应器将废气中残余的碳氢化合物与空气混合后再度燃烧，从而减少排放污染，终于使得转子发动机汽车于1969年10月正式登陆美国市场。

然而，在转子发动机进军美国市场的第二年即1970年，美国国会通过了《清洁空气法》。该法案要求从1975年起，汽车尾气中的碳氢化合物含量至少降低90%。因转子发动机的特殊构造，虽然产生的氮氧化物相对较少，但排放的碳氢化合物却较多。因此，《清洁空气法》的施行，是对转子发动机汽车的重大打击。马自达立刻着手解决排放问题。经不懈努力，1973年，马自达的转子发动机汽车终于通过了美国的《清洁空气法》测试，马自达开始在美国市场推出第二代转子发动机汽车Luce。

除了排放问题之外，转子发动机要克服油耗较高、低速扭力不足等问题。先前量产的转子发动机的进、排气口都在转子外壳的圆周上，造成可燃混合气在低转速时无法充分燃爆，甚至不易点燃，因此在低速时性能表现较差。后来马自达将转子发动机的进、排气口移到转子外壳的侧面，进气和排气都更加顺畅。同时，点火系统也改为双火花塞设计，提升点火效率。经这些改进后，转子发动机油耗较高、低速扭力不足的问题得到改善。

然而，转子发动机的前进道路仍然是坎坷的。在马自达通过美国环保测试的第二年即1974年，石油危机爆发，这对转子发动机汽车又是一个巨大的打击。由于先天原因，转子发动机的燃烧不够充分，燃烧效率相对较低，所以转子发动机汽车被称为油老虎。为了重振转子发动机汽车的雄风，马自达在1974年启动了凤凰计划，旨在五年内将转子发动机的燃烧效率提高40%。后来，马自达开发出一套创新的热交换系统，使燃烧效率提高了50%。

1978年，在拉斯维加斯马自达首次推出了大规模生产的转子发动机跑车RX-7（图5-10-4），标志着转子发动机新时代的到来。RX-7在1982年第一次完成了勒芒24小时耐力赛。此后一直不屈不挠地参加这项最考验汽车性能的大赛。1991年，马自达使用一款700马力的四转子发动机赛车787B型，终于在勒芒大赛中夺得冠军。这也是日本汽车制造商

图 5-10-4　马自达 RX-7 转子发动机汽车

第一次在勒芒赛道上取得冠军。一直到 2018 年，丰田才成为第二家夺得勒芒大赛冠军的日本车厂。

　　正当马自达借助勒芒冠军头衔推广 RX-7 转子跑车的时候，遇到了 1990 年代的日本经济泡沫破裂，随之而来的是经济大衰退，加上日元升值的影响，人们对日本跑车的需求锐减，导致 RX-7 跑车销量急剧下降，到 2002 年就停产了。

　　马自达仍在不懈努力，继续提高转子发动机的燃烧效率。他们又攻克了很多技术难题，显著改善了燃烧效率和排放。2003 年，配备新型转子发动机的跑车 RX-8 上市了，转子发动机汽车又迎来了一次复兴。

　　然而不幸的是，转子发动机的技术进步，却赶不上排放标准的不断升级马自达只好宣布在 2012 年 6 月停产 RX-8 跑车。就这样，转子发动机暂时黯然退场了。但喜欢转子发动机的人们相信，有一天它还会回来。

第 6 篇

汽车电子化发展时期

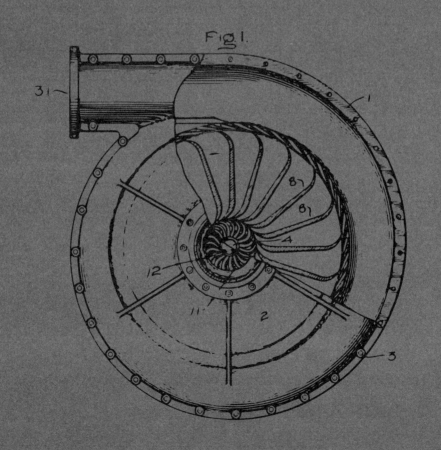

第 1 章
电子燃油喷射的发展：博世/1967

自从有了"电喷"，启动时再不用踩油门踏板了。

你知道吗，直到20世纪90年代，我国马路上还有很多化油器汽车。这种汽车在启动时必须一边扭点火钥匙，一边踩油门踏板，以增加混合气的浓度，否则就不容易点火。尤其是在天冷的时候，还必须多踩几下油门踏板，让混合气浓度高一些。然而，这样也容易造成混合气浓度过高而冒黑烟，甚至无法启动。

后来我国出台法规，要求从2001年9月1日起，禁止销售使用化油器的汽车。新生产的汽车必须采用电子燃油喷射发动机，简称"电喷"汽车。其实，汽车上的"电喷"系统早在1967年就由德国博世公司率先大批量生产了。但博世公司并不是"电喷"技术的发明者，它是从一家美国公司引进的专利。

化油器最早诞生于1892年，由美国人杜里埃发明。化油器的原理非常简单，它利用活塞下行时产生的负压将燃油自动吸到进气管里。当油门踏板踩得越深，节气门的开度就越大，进入进气管的空气流速越快，气压就越低，吸出的燃油就越多，发动机的动力就越强。化油器是一种纯粹依靠物理原理吸入汽油并将其雾化的装置，成本较低，可靠性高，但对空气与燃油的质量比（简称空燃比）的控制能力较差，导致油耗较高、排放污染大。

在化油器升级到电子燃油喷射之前，还有个机械燃油喷射。机械燃油喷射在第二次世界大战末期曾在飞机上试用。因为浮子式化油器在高空有时会失灵，很容易导致发动机停机，所以不得不采用机械燃油喷射。机械燃油喷射系统依靠发动机曲轴的动力驱动油泵工作，当燃油的压力达到一定值后就由喷油嘴喷出。柴油发动机从诞生那天起就采用机械燃油喷射，但汽油发动机使用的机械燃油喷射系统，直到1951年才由德国博世公司发明，是由柴油发动机上的燃油喷射技术改造而来的。由于要加装一个燃油泵，因此制造成本较高，当时只能装备在赛车上。1954年，奔驰300SL成为第一辆装备机械燃油喷射系统的赛车，就是那个带有鸥翼车门的名车。机械燃油喷射比化油器在性能上并没有提升多少，因此它诞生后就一直与化油器共存，直到1970年才逐渐被电子燃油喷射替代。

1957年，美国芝加哥一家公司本迪克斯（Bendix）率先开发出电子控制燃油喷射系统Electrojector，最先装备在美国汽车公司（AMC）的一款试装车上，后来又在35辆克莱斯勒300D汽车上试用。当时还没有数字计算机，晶体管刚发明出来，成本较高，可靠性也差，因此本迪克斯只能使用真空管制作电子控制系统。这种控制系统不仅体积大，而且结构复杂，可靠性差，故障频发。车主们对这种不成熟的电子喷射很恼火，只好把它拆下来又换回化油器。本迪克斯感觉电子喷射技术前途渺茫，一狠心就把这项不成熟的电子技术卖给了一直研制燃油喷射的博世公司。

博世公司感觉自己捡了个大便宜，认准电子燃油喷射就是未来，投入很大精力继续开发。其间博世取得了很多发明专利，并采用晶体管制作电子控制单元（ECU），终于在10年后，也就是在1967年，将电子燃油喷射系统研制成功并开始大批量生产。

博世的第一款电子燃油喷射系统称为D型电子喷射。名字中的"D"源自德语"Druck"，意思是"压力"，因为它是根据一个压力传感器测量进气管中的压力而计算燃油喷射量的，如图6-1-1。ECU只要控制喷油器的喷油时间，就能喷射出所需要的燃油。最先使用博世电喷技术的汽车是大众1600型（图6-1-2），并很快就有其他汽车制造商跟进，如宝马、奔驰、保时捷、沃尔沃、雷诺等。

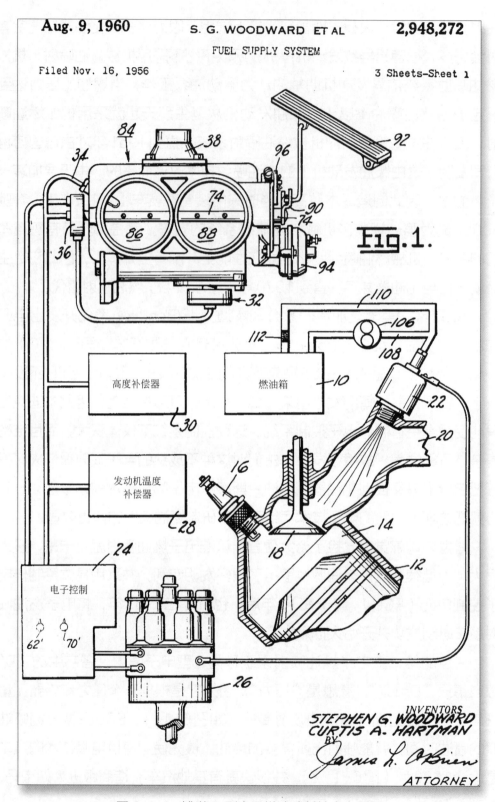

图 6-1-1 博世 D 型电子燃油喷射技术专利图

图 6-1-2　大众 1600 型汽车

D 型电子喷射与机械燃油喷射相比，仍然存在结构复杂、成本高、不稳定的缺点。针对这些缺点，1973 年，博世在 D 型电子喷射的基础上又开发出 L 型电子喷射系统。名字中的"L"源自德语"Luft"，意思是"空气"。在该系统中，由一个运动叶片式的空气流量计测量空气流量，再根据发动机转速就可以计算出进气量，进而根据理想空燃比计算出所需燃油量。其对空燃比的控制精度比 D 型电子喷射又提高了不少。

1976 年，博世研制出第一个汽车用氧传感器，可以测量排气中的氧含量，进而计算出实际的空燃比，并且将实际空燃比与理想空燃比之间的差值再反馈输入端作为输入信号，这样就实现了闭环控制，可以自动控制混合气的空燃比，使之一直趋向理想比值，从而进一步完善了电子控制燃油喷射技术。同年，博世的闭环控制电子燃油喷射系统首次应用在沃尔沃和萨博汽车上，并很快普及到各大汽车品牌上。

随着电子技术的快速进步，博世 L 型电子喷射系统的 ECU 从 1979 年起开始采用集成电路设计，也就是数字电子控制，不仅体积缩小，而且控制精度更高。

现在汽车上的电子燃油喷射系统都是闭环控制，自动控制混合气的浓度使之接近理想状态，在启动时不需要踩油门踏板来增加浓度，并且它还把进气温度、冷却液温度等作为输入信号一并考虑，因此即使在严寒天气也能顺利着车启动。

第 2 章
赛车尾翼的设计：查普曼/1968

查普曼发现，尾翼面积越大，赛车成绩就越好。

20世纪60年代末，国际赛车界开始意识到，单纯地提高最高车速并不是取胜之道。如何增强轮胎的抓地力，那才是取胜的关键。英国莲花车队的老板科林·查普曼（Colin Chapman，1928—1982）最早意识到了这个问题。1967年，他在莲花38型赛车上安装了一个类似飞机上使用的"黑匣子"，用来记录赛车在快速行驶时产生的升力，尤其是尾部的升力。测试结果让科林·查普曼大吃一惊，赛车在高速行驶时会产生非常巨大的升力，从而影响赛车过弯时的稳定性。科林·查普曼不得不重新认识空气动力学对赛车设计的重大意义，并从此开始了在空气动力学上的大胆冒险尝试。

科林·查普曼首先是将莲花49型赛车设计成楔形，如图6-2-1，依靠自身形状而在尾部产生一定的下压力。这样做显然不能满足科林·查普曼对下压力的巨大渴求，他竟然在1968年初，在莲花49B型赛车的尾部加装了一个高高的扰流板（图6-2-2）。有时甚至前后各加装一个高高的扰流板（图6-2-3），以前后平衡扰流板所产生的下压力。前部的扰流板现在称为导流板，尾部的扰流板现在俗称尾翼。

毫无疑问，尾翼设计是查普曼对赛车空气动力设计的巨大贡献。尾翼的作用是增加赛车尾部的下压力。它的原理与飞机机翼一样，只不过是倒过来了。机翼产生升力,使飞机得以升空;把机翼倒过来装在赛车尾部,就能产生下压力,增加后轮的抓地力。

后来由于这种高高的尾翼很容易在快速行驶中折断,给参加比赛的车手们带来安全隐患,于是它的高度就逐渐降了下来。

图 6-2-1　莲花 49 型 F1 赛车

图 6-2-2　莲花 49B 型赛车单扰流板设计

图 6-2-3　莲花 49B 型赛车双扰流板设计

科林·查普曼后来还发现，虽然尾翼能提高赛车过弯时的速度，但在直道上奔跑时会影响速度，因为尾翼在提供下压力的同时也增加了风阻。于是他就设计一种可由车手用脚操纵的可调角度的尾翼，在直道上狂奔时将尾翼调整为水平状态，以减小风阻；过弯时恢复正常角度，以获得下压力。

1969赛季，科林·查普曼对于尾翼的改进达到了疯狂的境地。赛季初期，双层尾翼、三层尾翼轮番登场。他发现了一个规律，尾翼面积越大，赛车单圈成绩越好。在西班牙巴塞罗那的大奖赛上，查普曼再度加宽莲花49型赛车的尾翼。然而这次做过了头，两辆莲花赛车都在比赛中失去了控制，尾翼变形后脱离车体飞了出去。

为了安全起见，国际汽联不得不痛下决心，禁止F1赛车上出现任何扰流板。但禁令的颁布招致了所有车队的抗议。国际汽联不得不恢复扰流板，但是对安装有极严格的限制。

莲花车队依靠科林·查普曼在空气动力学上的大胆尝试，在1968年和1970年赛季都获得了车手和车队双料总冠军。

第 3 章
赛车地面效应的设计：查普曼/1975

疯狂的设计，包含一个物理定律。

2021年赛车界传来好消息，国际汽联开始部分解禁使用"地面效应"设计F1赛车，F1比赛将会更加激烈精彩。地面效应（Ground Effect）是指运动物体贴近地面运行时，地面对物体产生的空气动力干扰。20世纪70年代，科林·查普曼带领莲花车队，依靠他发明的地面效应设计赛车，竟然统治F1赛场多年。

1975年8月，科林·查普曼意外获得灵感——如果在车体底部产生负压力，那么车体上部的正压力就会产生强大的抓地力。这种想法如果能够实现，那么它要比尾翼对抓地力的提升更大。查普曼想到就干，他请来英国空军的空气动力学专家帮助设计，并且将赛车放在帝国理工学院的风洞中进行测试。经过两年的努力，1977年，莲花推出了采用查普曼的地面效应理论设计的78型赛车，如图6-3-1。

莲花78型赛车的底部设置两个侧舱，侧舱底部呈弯曲凸起状，就像是倒置的机翼。当气流从侧舱底部流过时，弯曲的底板就会使气流加速，根据伯努利定律，底板就会产生负压或下压力，使赛车在转弯时能"吸"在路面上，以较高的车速过弯，这就是所谓的地面效应。

图 6-3-1 莲花 78 型 F1 赛车

但要注意的是，从赛车两侧进入底部的空气会毁掉地面效应。为此莲花工程师给车身添加了软性的橡胶侧裙板，像密封条那样将赛车底部气流密封住。

1977 年，莲花 78 型赛车第一年参加 F1 赛车就获得了 5 个分站冠军。赛场上的领先优势太大了，以至于引起其他赛车队疯狂模仿，"地面效应"成了当时最时髦的赛车词汇。

1978 年赛季，结合导流板、尾翼的成熟设计以及地面效应的巧妙利用，莲花 79 型赛车（图 6-3-2）将空气动力学在赛车上的威力发挥到了极致，莲花赛车横扫 F1 赛场，共取得 8 个分站赛冠军，最终夺得年度车手和车队双料总冠军。

1979 年，查普曼有点疯狂了，他要建造完全利用地面效应而不需要尾翼产生下压力的赛车。新设计的莲花 80 赛车的侧舱底板一直延长到尾翼末端，如图 6-3-3、图 6-3-4，试图获得尽可能大的抓地力。然而，由于时间仓促，莲花 80 赛车存在严重的空气动力学问题，根本无法参赛，只好启用莲花 79 型赛车应付。但耽误的时间已无法弥补，而其他车队对地面效应设计的模仿已非常成功。莲花

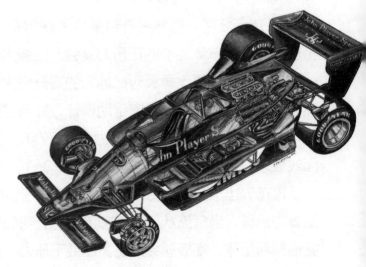

图 6-3-2 莲花 79 型 F1 赛车

赛车失去了优势,不仅当年与冠军无缘,而且从此一蹶不振。

其实,查普曼的地面效应也存在致命弱点。地面效应需保持车底气流与周围气流隔离才有可能产生。但比赛过程中状况多变,万一车辆遭碰撞损坏或遇到路面颠簸,车底气流与周围气流互通后,地面效应就会失效,下压力会锐减,导致车辆失控,后果不堪设想。为防意外,国际汽联在1983年要求F1赛车必须采用平底设计,禁止了疯狂的地面效应。

图 6-3-3　莲花 80 型 F1 赛车

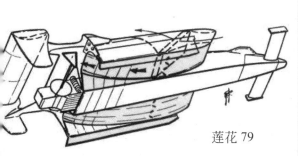

莲花 79

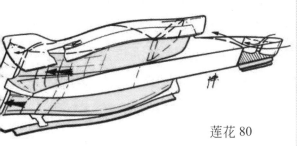

莲花 80

图 6-3-4　莲花 79 型与 80 型 F1 赛车底板对比

第 4 章
涡轮增压发动机的发明：萨博/1977

为了提高飞行高度，涡轮增压器先飞上了天。

你见过鼓风机往煤炉中吹风而使炉火燃烧更旺的情景吗？其原理与涡轮增压发动机非常类似，都是向燃烧室压缩进更多的空气，让更多的氧气参与燃烧，提升燃烧强度。通过压缩进气就能提升动力的原理，在发动机发明初期就被注意到了，只是戈特利布·戴姆勒和鲁道夫·迪塞尔都没能成功。直到1905年11月6日，瑞士工程师阿尔弗雷德·布黑（Alfred Büchi，见图6-4-1）在德国获得"高增压复合发动机"专利申请批准，涡轮增压技术才算真正浮出水面。阿尔弗雷德·布黑巧妙地利用发动机废气驱动压缩机，将空气压缩后再进入汽缸，从而提高发动机的动力和燃烧效率，如图6-4-2。然而，他花费了将近20年才制造出第一台涡轮增压发动机的样机。

阿尔弗雷德·布黑于1879年7月11日生于瑞士的温特图尔，他的父亲是瑞士

图6-4-1　阿尔弗雷德·布黑

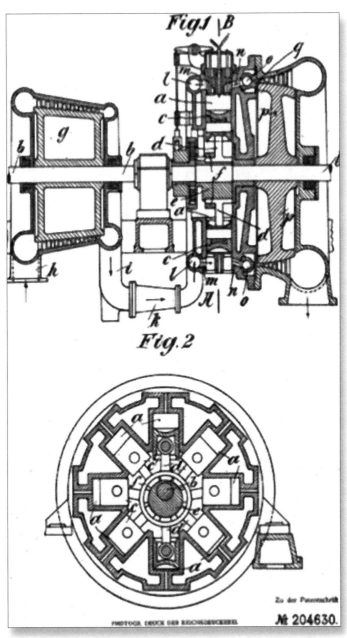

(a)

图6-4-2

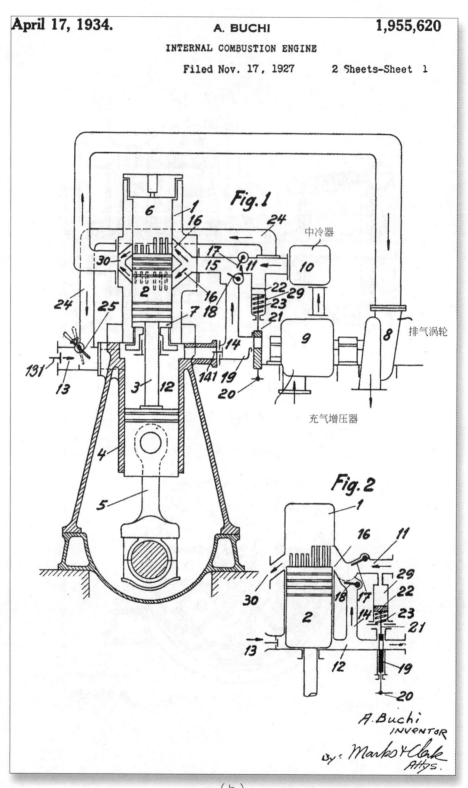

(b)

图 6-4-2 布黑发明涡轮增压器专利图

苏尔泽（Sulzer）工业制造公司的首席执行官。布黑于1903年在联邦理工学院获得机械工程学位。这个时期他对降低排气热量损失相关的技术非常感兴趣。布黑的初衷是收集排气中的能量并将其利用起来。

在获得涡轮增压技术专利四年后，即1909年，布黑加入了父亲的苏尔泽公司，继续研究他的涡轮增压发动机，并希望能实际应用在船舶柴油发动机上。然而，布黑苦心研究多年却无法将涡轮增压器投入使用。正当此时，涡轮增压器却在遥远的美国率先飞上了天。

当时的飞机都使用星形活塞式发动机，靠燃烧提供动力，而燃烧需要空气中的氧。但空气密度随高度上升而降低，含氧量也随之减少。据称每升高1000米，含氧量就降低10%。发动机动力随高度提升而变弱，导致飞机爬升到一定高度后就再也爬不动了。

1920年前后，美国通用电气公司的总工程师桑福德·莫斯（Sanford Moss），想到了用涡轮增压的办法强制增加进气量，如图6-4-3，即使在高空也能使汽缸吸入足够的氧气，保证发动机的正常燃烧，提升飞机的最大飞行高度。

莫斯他们先是在搭载12缸发动机的LaPere双翼飞机上进行测试，结果成功地将飞机升高到3.3万英尺（约1万米），创下飞行高度新纪录。第二年又提升到4万英尺（1.2万米），再次证明涡轮增压技术确实能提升飞行高度。从此，涡轮增压技术在飞机上得到广泛应用。

第二次世界大战期间，涡轮设计和制造技术的发展突飞猛进，许多战斗机和轰炸机都安装了涡轮增压器，以至于"无涡轮不上天"。正因如此，至今仍有很多人认为涡轮增压技术源自航空发动机。

与此同时，瑞士的布黑工程师也没停止研究，他在1924年研制出使用涡轮增压器的重型柴油发动机样机。1926年，涡轮增压器终于"入海"了，成功地应用在两艘新建客轮的柴油发动机上，发动机的功率因此而提高了40%。1927年，布黑就在瑞士申请了"布黑复合涡轮增压系统"专利。

与上天入海不同，涡轮增压器上车时却遇到了巨大的挑战，此后数十

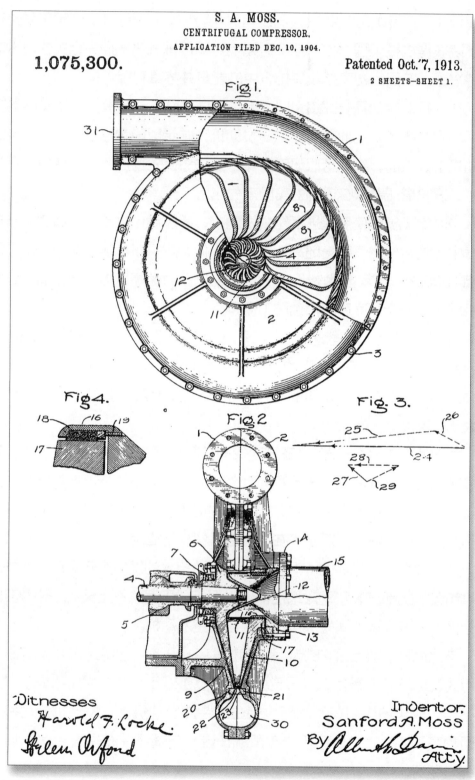

(a)离心压缩机

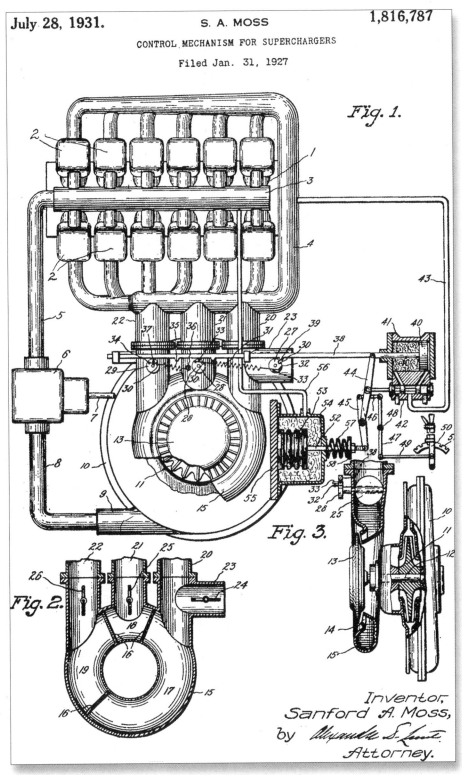

(b)增压器控制机构

图6-4-3 桑福德·莫斯涡轮增压器专利图

年竟没在汽车上出现。直到1962年，美国通用汽车公司率先在奥兹莫比尔的"喷火"（Jetfire）和雪佛兰"科维尔蒙扎"（Corvair Monza）上配备了涡轮增压发动机。然而，这台涡轮增压发动机的压缩比高达10.25:1，很容易产生爆震。为了防止爆震，就增加了一套喷水系统，而喷水系统需要司机经常补水。司机们常常忘记补水而使得涡轮和发动机损坏，导致怨声不断。没多久，这种不成熟的涡轮增压器就被赶下了车。涡轮增压器在汽车上出师不利。

既然在普通汽车上不好使，那不如先在赛车上试试。1965年，英国赛车（BRM）车队率先在赛车发动机上装上涡轮增压器。而后，美国STP-Paxton的涡轮增压赛车登场，并有不错的表现。此时，涡轮增压器已成赛场上的热门话题和绝杀利器，促使汽车上的涡轮增压技术迅速进步。

1973年，宝马成为第一个将涡轮增压器应用到普通汽车上的厂商。宝马2002 Turbo车型搭载2.0升涡轮增压发动机，为了防止爆震，发动机的压缩比只有6.9:1。它的最大功率为170马力，最高车速达到211千米/时，0~100千米/时加速时间仅为7秒。虽然该车型动力性能卓越，但因当时的涡轮增压技术还不是很成熟，可靠性不高，加上燃油消耗较高，又很不幸是在1973年世界石油危机爆发前夕推出的，所以该车型只卖出去1672辆就草草退出市场。这也是涡轮增压器在汽车上的第二次挫败。

1977年，瑞典萨博（SAAB）在涡轮增压技术上修成正果，配合博世的燃油喷射技术，使用一个非常小巧的涡轮增压器，即使在低转速下也能迅速响应启动。同时还增设了一个泄压阀，在缸内压力过大时可自动停止增压，从而使涡轮增压器的可靠性大幅提高。就这样，萨博99 Turbo成为第一款大批量生产的使用涡轮增压发动机的汽车。此后几乎所有萨博汽车都采用涡轮增压发动机，涡轮增压技术也成了萨博汽车的最大卖点。

1978年，第一款搭载涡轮增压柴油发动机的轿车奔驰300SD推出。从此，柴油汽车就离不开涡轮增压器了。因为柴油发动机采用压燃方式工作，它的压缩比更大，排出的废气压力也更高，废气中的能量更大，推动涡轮也更有力，更符合阿尔弗雷德·布黑发明涡轮增压器的初衷。

第 5 章
防抱死制动系统（ABS）的发明：博世/1978

把车轮完全"刹死"，并不是好事。

当遇到紧急情况而猛踩制动踏板时，由于制动力过猛有可能将车轮完全"刹死"，车轮完全停止转动，失去抓地力。此时，在惯性作用下，停转的车轮只能滑动前进，使制动距离更长。更危险的是，车轮失去抓地力后有可能导致车辆侧滑冲出路面。有经验的司机在湿滑的路面上制动时往往采取"点刹"动作，一踩一抬制动踏板，尽量维持车轮转动状态，使车轮保持一定的抓地力。

这种"点刹"动作对于大多数人来讲比较困难，而防抱死制动系统（Anti-locked Braking System，ABS）在紧急制动时能够主动、精确、一松一紧地调节每个车轮上的制动力，相当于替司机做"点刹"动作，避免意外发生，如图6-5-1所示。

据考证，德国工程师卡尔·韦塞尔（Karl Wessel）在1928年就曾获得"汽车制动力调节器"的专利，试图帮助经验不足的司机在紧急制动时"点刹"。然而，当时韦塞尔只是提出了一个理论上的技术专利，他并没有能力和技术将其投入商业生产。

韦塞尔的这个专利启发了德国的博世公司，他们从20世纪30年代起，开始研发车轮防抱死装置，并在1936年注册了"防止车轮锁死的机械装置"的专利。但由于当时技术还不太可靠，成本也非常高，因此也没有投入批量生产。

（a）装有ABS的车辆（右）与未装ABS的车辆（左）躲避障碍物对比

（b）装有ABS的车辆（左）与未装ABS的车辆（右）转弯对比

（c）装有ABS的车辆（上）与未装ABS的车辆（下）在湿滑路面转弯对比

图6-5-1　ABS装置效果示意图

到1953年，英国邓禄普公司开始生产一种名为Maxaret的机械式车轮防抱死制动装置，并开始应用在飞机和火车上。虽然这一装置的制造成本对于汽车来说非常高，但对飞机和火车来讲就不算什么了。更重要的是，飞机上使用防抱死制动装置后不仅可以缩短制动距离，而且可以减小轮胎磨损，节省使用费用，甚至还可让飞机承载更多的重量，从而赚更多的钱。

同样是在1953年，德国奔驰汽车公司的设计主管汉斯·舍伦贝格（Hans Scherenberg，图6-5-2）申请了一项技术专利，其内容是防止汽车的车轮在急制动时被锁住或抱死。汉斯·舍伦贝格曾主持设计了奔驰的多款著名赛车和跑车。但汉斯·舍伦贝格的专利技术仍不够成熟可靠，此后奔驰汽车公司对此项技术一直进行调试和改进，直到1970年，奔驰才在德国的一个测试场上向媒体展示了这项技术。

图6-5-2　汉斯·舍伦贝格

早在1966年，英国詹森（Jensen）汽车公司已率先将ABS装备在量产车上。当时詹森公司看到英国飞机上装备ABS后获益巨大，就决定在新推出的詹森FF车型上装备ABS。这也是世界第一款选装ABS的量产汽车。詹森FF是一款技术高超、性能卓越但价格高昂的轿跑车，上市后市场反应冷淡，到1970年就停产了，总计只生产了320辆。

虽然詹森FF从没在美国正式销售过，但ABS的名声却传到了美国。福特、克莱斯勒和通用汽车都立即行动起来，采用各种方式开始研发ABS。福特抢先在1969年的中期改款车型雷鸟和林肯大陆上装备了ABS。通用也在1970年在两个车型上引入了ABS。

上面所说的ABS基本都是机械式或模拟电子控制的，性能都不是很理想，可靠性稍差。1971年，克莱斯勒取得重大技术突破，推出了电脑控制的三通道、四传感器的全轮ABS，名为Sure Brake。其反应速度更快，制动力控制更精准，使用效果非常好。1971年款克莱斯勒"帝国"（Imperial）车型，成为第一个选装电子控制ABS的量产汽车。但它的选装价格太高了，如果四个车轮都装备ABS要多掏351.5美元，而车价仅为6044美元。许多买主认为ABS不值这个钱，也没什么用，因此选装者极少，致使克莱斯勒到1973年就放弃了ABS的选装业务。这应是ABS继詹森FF汽车后遭受到的第二次挫败。

早就着手研制ABS却迟迟不能装车的博世公司，眼看被英国人和美国人抢了先，就开始加快ABS的研发速度。当时德国在ABS技术上领先的是位于海德堡的Teldix公司。它们开发的是一种很有前景的电子控制防抱死制动系统，可以独立控制每个车轮，但第1代ABS在测试中的性能表现不是很理想。从1973年起博世陆续收购了Teldix公司。到1978年，博世推出电子控制多通道的第2代ABS。如果电子控制单元（ECU）检测到某个车轮在制动时锁死不转了，就指示降低这个车轮上的制动压力，使车轮重新转动；如果ECU检测到某个车轮的转速明显快于其他车轮，那么该车轮的制动液压力就会增加，从而重新施加制动力。这个过程不断重复，其工作频率高达40次每秒。就这样，博世靠收购竟然在ABS技术上后来居上了。

取得成功后的博世立即与奔驰合作，率先在1978年奔驰S级（W116）上装备电子控制式的ABS，如图6-5-3，而且还是标准配置。因此，奔驰S级（W116）是世界第一款标准装备电控ABS的量产汽车。

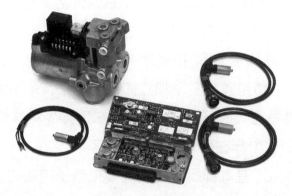

图6-5-3　奔驰与博世联合开发的防抱死制动系统

ABS是汽车上装备的第一款主动安全性配置，也是后来的电子稳定程序（ESP）、制动力分配（EBD）、循迹防滑控制（TCS）等主动安全系统的基础。或者说其他主动安全系统都是在ABS的基础上发展而来的，甚至连胎压监测、自动驾驶等技术，都离不开ABS技术的支撑。

第 6 章
高性能四驱轿车的设计：奥迪/1981

一根26.3厘米长的空心轴，可以双向传递动力。

1977年2月，奥迪底盘工程师约尔格·本辛格（Jörg Bensinger）正和同事们在芬兰的深雪中测试大众的军用越野车Iltis（图6-6-1）。这是一款小型四轮驱动汽车，完全由奥迪开发。在冰天雪地里，本辛格发现，只有56千瓦的Iltis可以轻松击败127千瓦前轮驱动的奥迪80轿车，总能把奥迪80甩得很远。本辛格认为奥迪80的力量太浪费了，不如给两个后轮也分配力量，让奥迪80成为一款具有卓越牵引力和转弯能力的高性能四驱轿车。

其实在此之前已有人将四轮驱动系统应用于轿车上。1966年，英国詹森（Jensen）推出詹森FF四驱轿跑车，但只生产了320辆就停产了；1972年，斯巴鲁推出四轮驱动的旅行轿车Leone，但这

图6-6-1 大众Iltis越野四驱车

车根本谈不上高性能。本辛格是要将大众Iltis与奥迪80的优势结合起来，打造一款出众的高性能四驱轿车。

本辛格的设想很快获准立项。1977年3月，研发小团队用一辆奥迪80的车身和底盘，一台5缸118kW涡轮增压发动机，以及来自大众Iltis越野车的一套四驱系统，开始了一款传奇车型的研发。

要想把四轮驱动技术从笨重的越野车成功地应用于轿车，并不是简单地移植和拼凑就可以完成的。在此之前的四轮驱动系统，一般都是利用分动箱将动力分别传递到前轮和后轮。这种四驱系统不仅重量大，而且占用空间也大。由于奥迪80轿车空间的限制，四轮驱动系统必须满足体积小、结构简单的要求。如何在有限的空间内将动力分配给前轴和后轴，成为本辛格和同事们亟待解决的难题。

后来还是奥迪的变速器技术负责人弗朗茨·腾勒（Franz Tengler）想出了一个绝妙方案，重新设计一款变速器，在变速器内安装一根26.3厘米长的空心轴，它可以双向传递动力，如图6-6-2所示：一个是向变速器后端的中央差速器传递动力，再通过传动轴将动力传到后差速器和后轮；另一个是向前差速器和前轮传递动力。

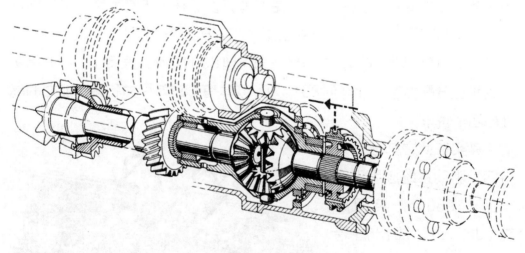

图6-6-2　使用空心轴双向传递动力

由于空心轴"嵌入"在变速器内，不用分动箱，因此可以使底盘降低，结构紧凑，重量较轻，同时传动效率也很高。为了应对更为苛刻的路况，中央差速器和后差速器上带有手动锁止功能。驾驶人根据不同路况需求，可以通过锁止开关控制差速器的工作状态。

1978年1月，本辛格驾驶新研制的四轮驱动奥迪轿车，在陡峭的冰雪覆盖的森林道路上，与后轮驱动的奔驰280E、宝马528i以及前轮驱动的奥迪100，进行了对比测试。结果四驱奥迪轿车在没有冬季轮胎的情况下完胜前驱和后驱的对手。

然而，这离"高性能四驱轿车"还有一定距离，它的外形还是奥迪80，因此还要为它打造一套高性能的外衣。研发团队从黏土设计模型开始，重新设计车身，并在风洞中进行仔细测试，不仅要传承奥迪车身造型的基因，而且还要看起来运动、技术和进取。

1979年初夏，大众终于批准生产四轮驱动奥迪车型，并将奥迪的四轮驱动系统命名为"quattro"，如图6-6-3，在意大利语中表示数字"四"，恰好反映出四轮驱动的特点。

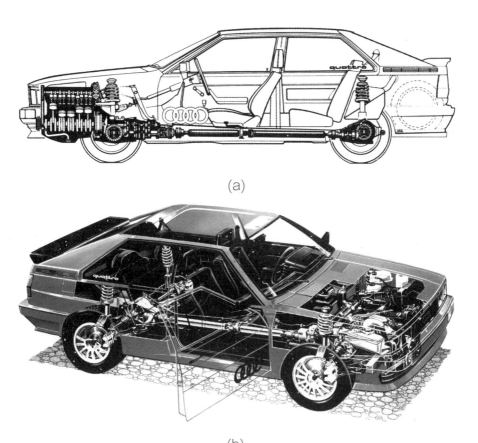

图6-6-3

(c)

图 6-6-3　奥迪 quattro 四驱轿车

1980年，奥迪quattro在日内瓦国际车展上首次亮相。本辛格创新性的设计引起极大关注，也因此开辟了高性能四驱轿车的新市场，一时间在欧洲掀起高性能四驱轿车热。

现在，quattro是奥迪的四驱系统标识，但别忘了它曾是一款极具创新设计的四驱轿车。

第 7 章

电子稳定程序（ESP）的发明：奔驰/1995

如果只对某个车轮制动，会不会就能避免汽车失控呢？

1989年2月的一天，瑞典北部的一条公路上，一辆奔驰300E（W124）测试车正在冰雪路面上飞驰。这时正是北欧最寒冷的季节，是汽车进行冬季测试的好时候。驾车的是戴姆勒－奔驰汽车公司的工程师弗兰克·莫恩（Frank Mohn，图6-7-1），他无暇欣赏周围的冰雪风光，注意力都集中在驾驶上，因为在这种冰雪路面上行车不敢有半点马虎。

然而，担心什么就来什么，在一个弯道处，路面上突然出现一大片结冰的路面。虽然莫恩已在入弯前减速，但此时方向盘还是不听使唤，汽车竟没转弯直直地冲向弯道外侧，一头扎进了路旁的沟中，差一点就撞上树。还好，沟中雪很深，车和人都没受什么损伤，但汽车陷入积雪中，莫恩用尽招数也无法将汽车开出来，如图6-7-2。

当时手机还很稀少，莫恩只好求助一辆过路车帮忙报警，并联络拖车公司施救。由于地处偏僻，拖车要很长时间才能来，莫恩只好回到车内耐心等待。在漫长的等待中，作为长期参与汽车测试的工程

图6-7-1　弗兰克·莫恩

图6-7-2　弗兰克·莫恩驾车冲入积雪中

师,莫恩觉得出这样的事故很丢人,他开始反思自己怎么就掉进了沟里。

莫恩在脑海中把刚才出事的情景反复回忆,仔细分析车辆受力、车轮滑动、驱动力、转向力、摩擦力等,突然,他灵感迸发,觉得要是结合新近出现的防抱死制动系统(ABS),通过快速测量方向盘角度和汽车滑移角度,由电子控制单元(ECU)指挥ABS只对某个车轮制动,会不会就能避免汽车冲出路面呢?

当时博世公司已有研制防止汽车在弯道上打滑的产品的想法,但设计成只有在紧急情况下才会启动。而莫恩的设想是让系统一直处于激活状态,系统不断监测路况和汽车的姿态,一旦出现打滑的趋势就对某个车轮进行独立制动,从而保证车辆按方向盘的指向前进。正是这个微妙的区别,使莫恩成为电子稳定程序(也称车身稳定控制系统)的发明人。

一回到德国斯图加特的戴姆勒-奔驰公司总部,莫恩就迫不及待地提出了他的设想,并很快得到允许研制的批准。研发团队遇到的第一个挑战是找到一个可以测量横向运动的陀螺。他们去玩具店买了一架遥控直升机,拆开来得到这个零件。通过初步试验证明,莫恩的弯道防滑理论是可行的。但他们很快发现,玩具用的陀螺仪的处理速度太慢了,满足不了紧急时刻的需要。后来,他们竟然设法买了一枚去掉弹头的飞毛腿导弹,从上面拆下陀螺仪装在测试车辆上。

在研制初期,莫恩要对单个车轮进行独立制动的想法曾引起一些同事的嘲笑，他们说如果只制动一个车轮，那汽车应会像兔子逃离狐狸那样急转弯，只能是失控和打转转。但莫恩他们不为所动，坚持要实现自己的理想。

经过两年的努力，到1991年3月，弯道防滑系统终于研制成功，并以"防止车辆操纵不稳定的装置和方法"为名申请了发明专利（图6-7-3）。在准备投产前，为了争取董事会的支持，莫恩邀请公司的一位高管参与测试弯道防滑系统。这位高管在开车上一向胆小，但这次他在冰面障碍赛道

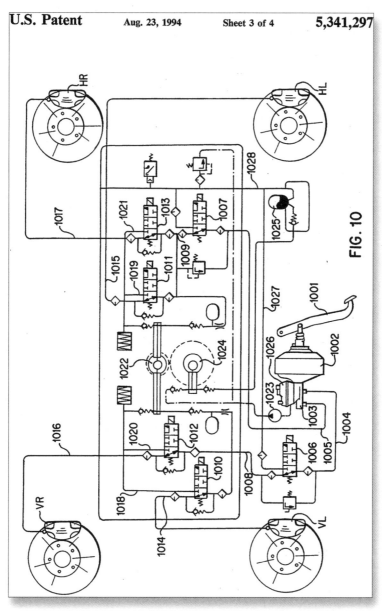

图 6-7-3　戴姆勒 – 奔驰 ESP 发明专利图

上的驾车速度，几乎与公司的专业测试司机一样快。然而当把弯道防滑系统关闭后，他勉强通过了第一个弯，差点滑出赛道。这位高管非常满意，董事会也立即批准了弯道防滑系统的投产准备。

戴姆勒-奔驰毕竟只是一家汽车制造商，他们在专业系统制造上还需要与专业公司合作。此后戴姆勒-奔驰与博世共同开发弯道防滑系统，并在1995年正式装备在奔驰S600轿跑车上，还为这个系统取了个很专业的名字：电子稳定程序（Electronic Stability Program，ESP）。其名称的知识产权归两家共同所有。

博世加持后的ESP，其电子控制单元（ECU）以25次每秒的频率，对汽车是否朝着驾驶方向行驶进行实时检测对比。如果发现危险和无法控制的情况即将发生（例如打滑）时，ESP立即介入，通过减小发动机转矩和有意识地单独制动某个车轮，就可以调整车身姿态，防止打滑事故发生。

1997年，瑞典一家汽车杂志在对奔驰A级车进行麋鹿测试时，因打方向过急而翻车了。这个事故反映出A级车的安全性较差。这起翻车事故让戴姆勒-奔驰做出一个影响巨大的决定：以后在所有奔驰汽车上，不论级别和贵贱，都标准配备ESP。

不久，奔驰又做出一个充满公益意义的决定，将自己拥有的ESP专利免费送给博世，并允许将ESP产品出售给其他汽车品牌，以降低技术成本。这个决定让更多的汽车装上了ESP或类似系统，挽救了无数的生命。然而，作为ESP发明人的莫恩，听到这个决定后说："我心里很受伤，因为这是我的发明。当然，我认为把它推广到所有汽车上是最好的决定。"

根据欧洲安全机构估计，全球因ESP挽救的生命超过了100万人。ESP是自安全带以来最伟大的汽车发明。

ESP是怎样工作的？

在正常驾驶过程中，ESP在后台安静运行，不断比较驾驶员的预期方向和车辆的实际航向。该系统通过安装在车辆各处的传感器获取

关键数据，如车轮转速、转向角度、侧向加速度、节气门位置、制动压力。这些信息经电子控制单元（ECU）处理和评估，当发现车辆将要出现转向过度或转向不足时，就会对某个车轮进行独立制动。比如，当汽车产生转向过度时，ESP会对弯道外侧前轮制动；当汽车产生转向不足时，ESP会对弯道内侧后轮制动。在物理定律的作用下，车身就会迅速恢复姿态，保证汽车按照方向盘的指向安全转弯。ESP工作原理示意图如图6-7-4所示。

图6-7-4　ESP工作原理示意图

第 8 章
电子气门 Valvetronic 的发明：宝马 /2001

"开宝马、坐奔驰"的说法，原来是这么来的。

1959年12月9日，宝马公司年度股东大会正在召开。会上的一项提议引起激烈争论。此项提议竟然是将陷入困境的宝马公司卖给戴姆勒-奔驰公司。此时宝马因开发豪华轿车501及系列车型而负债累累，公司经营举步维艰。然而，宝马公司的小股东们在会上强烈反对这项提议。如果提议被通过，小股东们的股份要么被贱卖，要么被严重稀释。幸亏大股东赫伯特·昆特在最后一刻否定了提议。相反，他还拿出大笔投资，组建新的管理团队，为宝马汽车重新定位——宝马从此不再追求豪华产品，不再与奔驰在豪华轿车市场上进行正面竞争，而是找到并建立一个新的细分市场：注重驾驶感受的高品质轿车。

1962年，重新定位后的宝马，推出了以1500型（图6-8-1）为代表的"新系列"运动型汽车并获得巨大成功。1500型不仅是赛道高手，而且在公路上也能提供赛车般的驾驶感受和性能表现。从此，驾驶乐趣成了宝马汽车的主要追求，而提高汽车的驾驶乐趣，就成了宝马研发人员此后的主攻方向，一直到今天都是如此。

动力响应慢的汽车，驾驶乐趣肯定无从谈起。为此，宝马在1993年

图 6-8-1　宝马 1500 型

8月19日获得"电子气门"发明专利，并在2001年推出的宝马316i上小试牛刀。装备电子气门的发动机，不仅动力响应迅猛，而且油耗还降低了10%。现在几乎所有的宝马汽油发动机都采用了电子气门Valvetronic技术。

为什么电子气门能提升动力响应速度呢？发动机的动力与喷油量成正比，而喷油量又是根据进气量计算的，因此，调节进气量即可调节发动机的动力输出。

如图6-8-2，普通发动机的进气要经过三关：第一关是节气门，相

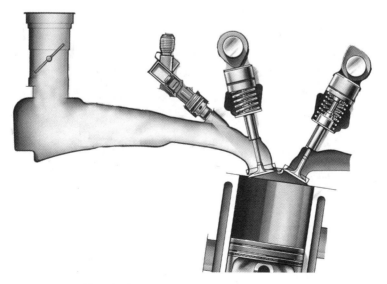

图 6-8-2　普通发动机进气要经过节气门、进气歧管、进气门

当于院子的大门,加速踏板控制的就是这个大门;第二关是进气歧管,相当于院子里的通道,要先充满才能进入下一关;最后一关是进气门,它相当于燃烧室的房间门,空气进入后就可以参与燃烧做功了。当驾驶人踩加速踏板时,实际上是通过控制节气门的开度而间接调节进入汽缸的空气,进而调节动力输出。

而带电子气门Valvetronic的宝马发动机,它的节气门基本保持全开状态,进气歧管一直充满空气,它通过一套巧妙的机械机构和伺服电机,让加速踏板直接控制进气门的升程,从而直接调节进气量,进而调节动力输出。省去了两道中间环节之后,对动力调节的控制就非常直接了,动力响应速度也就更迅猛了。而这,正是驾驶乐趣中最重要的感受。

电子气门Valvetronic的具体工作原理如图6-8-3所示。使用一个伺服电动机控制一个偏心轴,再由它控制一个异形中间臂,中间臂的运行轨迹同时也受凸轮轴运动的影响。中间臂带动进气门摇臂动作,从而实现对进气门升程的无级调节。当驾驶人踩加速踏板时,伺服电动机便会根据所收集的信号适当运转,然后驱动偏心轴、异形中间臂和气门摇臂,对进气门升程进行无级调节。据称,早期的电子气门Valvetronic,可以在0.3秒内完成从最深9.7毫米到最浅0.3毫米气门升程的无级调节,后来又升级到在最深9.9毫米到最浅0.18毫米之间的无级调节。

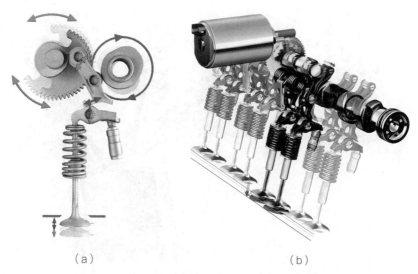

(a)   (b)

图6-8-3 宝马电子气门工作原理示意图

第 9 章
超级发动机的设计：
布加迪/2005

将两个V8发动机组合在一起，爆发出1001马力！

1998年复活节期间，大众集团老板费迪南德·皮耶希（Ferdinand Piech）和家人正在西班牙的马略卡岛度假时，传来大众在与宝马争夺劳斯莱斯品牌的竞争中失败的消息。正巧这时他儿子看到一个布加迪57 SC大西洋号车模非常漂亮，希望皮耶希能给他买一个。儿子的这个要求意外地启发了皮耶希，将他的目光转向了曾经辉煌无比的布加迪品牌。在皮耶希的印象中，布加迪41型皇家号曾是世界上最大、最强和最贵的汽车。他认为布加迪品牌可以打造成世界上最强大和最昂贵的超级汽车。在与布加迪进行短暂的谈判后，大众集团很快就拥有了布加迪品牌。

费迪南德·皮耶希认为，要想打造一款超凡脱俗的超级跑车，必须拥有一台世界上最强大的发动机，而且体形和重量都不能太大。专家们提出的多种方案都不能令人满意。有一天，在东京到名古屋的新干线上，皮耶希突发奇想，在与动力专家讨论后，随手在一个信封上画了一个18缸发动机的草图。这种怪异的W18发动机相当于将3个V6发动机相隔60°组合在一起，18个汽缸共同驱动一根曲轴。它的总排量6.25升，最大功率555马力。

图 6-9-1 布加迪 W16 发动机

然而，W18发动机研制出来后，搭载在几款概念车上的效果并不理想。虽然它还能提升到620马力，但与当时的迈凯轮、法拉利超级跑车相比，这个数字并没有太大的优势。布加迪毅然弃用W18发动机，采用罕见的8升W16发动机（图6-9-1），相当于将两个V8发动机以90°夹角组合在一起，如图6-9-2。为了让发动机性能达到极致，还为W16发动机配备了4个涡轮增压器。这款W16发动机是世界第一款也是迄今为止唯一一款W16发动机。

布加迪W16发动机由3500多个部件组成，其数量是普通汽车发动机的两倍。其实这也不难理解，因为它由两台V8发动机组合而成，甚至它仍采用大众汽车V8发动机的部分部件。W16发动机的活塞连杆由钛金属制成，而其他厂家的活塞连杆仍用钢制成。W16发动机上的每一颗螺栓都由手工拧紧，然后经由电脑检测。组装这样一台W16发动机要花费整整一周的时间。

布加迪W16发动机已将发动机的设计和制造技术发挥到了极限，而测试它则更加困难。2001年，在德国沃尔夫斯堡的一个小车间，工作人员第一次满负荷、全节气门测试这台发动机（图6-9-3）。没有人知道将要发生什么，因为他们也是第一次测试这台可能输出1001马力的机器。

当首次进行全功率测试时，由于温度过高，屋顶上的排气系统被完全烧毁了，甚至差点将实验室建筑烧毁。在威航进行早期的测试时，测试人员发现，当车速到达320千米/时时，排出的高温尾气继续和周围的空气发生燃烧，导致近2米长的火焰从排气管中喷出。

图 6-9-2 W16发动机相当于两个V8发动机组合在一起

图 6-9-3　测试中的布加迪威航

当然不可能有人能够在你以 320 千米/时的速度巡航时靠近你，但排气管中喷出火焰显然不合法规，所以解决方案是重新设计这辆车的排气系统。他们决定在排气系统中使用钛金属，这种材料经常用于航空领域。但是他们也需要降低发动机内部极高的温度，所以又设计了一个极为强大的冷却系统，每辆威航竟然配有 10 个散热器，而普通汽车只需要一两个。

这台 W16 发动机能迸发出 1001 马力的功率，几乎是其他超级跑车的 2 倍。装备 W16 发动机的布加迪威航，它的最高速度可以达到 407 千米/时，很少有超级跑车能够接近这个数值。在 2.5 秒内可以从静止加速到 100 千米/时，并在 7.3 秒内提速到 200 千米/时。

威航（图 6-9-4）是当时世界上速度最快的量产跑车。在 2005 年之前，世界上还没有见过像这样勇猛的超级跑车。仅用"超级跑车"（Super Sportscar）一词已不足以称呼威航了，它是一款典型的"极限跑车"（Hyper Sportscar）、顶级跑车，或者说终极跑车。

图 6-9-4　布加迪威航装有 W16 发动机

第 10 章
长续航电动汽车的量产：
特斯拉/2012

特别设计的电池温度管理系统，保证所有单体电池之间的温差不超过2℃。

2012年6月，美国特斯拉公司老板埃隆·马斯克（Elon Musk）正式宣布，豪华电动汽车Model S上市，它的续航里程为483千米！这样长的续航里程使得电动汽车具有与汽油车相同的实用性，从而给人们带来了对纯电动汽车的巨大信心，也鼓励更多的高性能电动汽车不断推出。

埃隆·马斯克在南非出生、南非长大。由于他母亲是加拿大人，因此他17岁高中一毕业，就到加拿大留学去了，后来又到美国深造。当他进入斯坦福大学攻读博士时，只上了两天课就退学了。他觉得自己对学术实在是没兴趣。于是，他就和朋友一起创业去了。此后，他与人合伙先后创办了三家互联网公司，都被IT巨头收购了，他个人从中获得近1.9亿美元的收入，这个时候他才31岁。

此后的马斯克过上了奢侈富裕的生活，并且与人合伙疯狂收购了好几家公司，包括火箭公司Space X、太阳能公司Solar City、高速隧道公司Boring Co.等。正是在这个时候，有个两人的小公司，名叫特斯拉汽车公司，找到马斯克，希望他投资。这家公司当时只有一个名字"特斯拉"和一个准备制造电动汽车的商业计划书。马斯克是第四位创始人，但他投了

630万美元,成了最大的投资人,因此也就很自然地当上了特斯拉汽车公司的董事长,这是2004年的事。

根据特斯拉公司的商业计划,第一步是要打造一款电动跑车。特斯拉就以英国莲花Evora跑车为基础,打造出纯电动跑车特斯拉Roadster。从外形上就明显看出,这就是一款莲花跑车,车身采用碳纤维制造,是第一辆使用锂离子电池的电动汽车,也是第一辆续航里程超过200英里(约320千米)的电动汽车。从外形和性能数据上看,都非常漂亮,然而它的制造过程却异常艰难。

Roadster原本预定2007年9月投产,售价10.9万美元。然而在快到日子时马斯克发现,这款车的底盘和车身都是在英国生产,然后再运到美国完成最后的组装,因此实际生产成本达到了14万美元,而投资计划的制造成本是6.5万美元。这个时候,马斯克和其他投资者,在四轮融资中已经投入了近1亿美元,却连一辆车还没看到。马斯克将特斯拉公司CEO进行降职处理,然后亲自下场指挥。转年,特斯拉第一款电动汽车Roadster就上市了。但只接到几百辆的订单,四年后就停产了,总计只卖出去2250辆。

特斯拉商业计划的第二步是生产一款高级电动轿车。为此马斯克聘请了马自达的北美首席设计师。这次不仅要从零开始设计,而且马斯克还要重新定义轿车,他提出了很多看似不可能实现的设计。比如,马斯克坚持认为,车门把手可以与车身设置在一个平面上,而不是凸出在外。当用户要开门的时候,车门拉手会像魔术一样自动滑出来。设计师们一致认为,这个想法太疯狂,会带来复杂的设计,而且根本没有必要。但无论别人多么反对,马斯克都坚持这个设计。最终,这个门把手成为了特斯拉汽车的最大亮点设计之一。

2009年,特斯拉公布了Model S的原型车。它的中控台完全颠覆了传统设计,使用一个17英寸的触摸屏,集成了车辆信息查询、导航、音响、天窗开关、空调等操作功能,让汽车设计同行都惊呆了。它的电池组呈扁平的长方形,放置在车地板下面,如图6-10-1,从而使乘坐空间比较宽敞。它那创新设计的电池管理系统，才是特斯拉Model S最核心的独门技术。

特斯拉Model S的电池组由7000多个单体电池组成。其电池管理系统设计精巧，算法高级，在确保电池发挥最高效能的同时，还能够自行处理每块电池的充电、放电

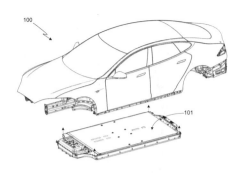

图6-10-1　特斯拉汽车的蓄电池位于汽车底部

以及发热等问题。针对锂离子电池过热可能爆炸的问题，将团队想出了一种独特的温度管理系统，让冷却液在围绕单体电池的密封管中穿梭循环，保证每个单体电池的工作温度控制在合理范围内，而且保证所有单体电池之间的温差不超过2℃，如图6-10-2、图6-10-3。另外，通过分区隔离和预警的方法，将失控电池尽可能控制在少量电池范围内，同时提供预警。而当发生碰撞或遇到烟雾或水进入电池组时，电池上的传感器可以在

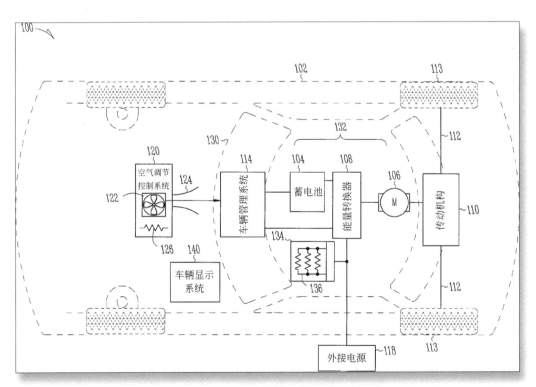

图6-10-2　特斯拉热量管理发明专利图

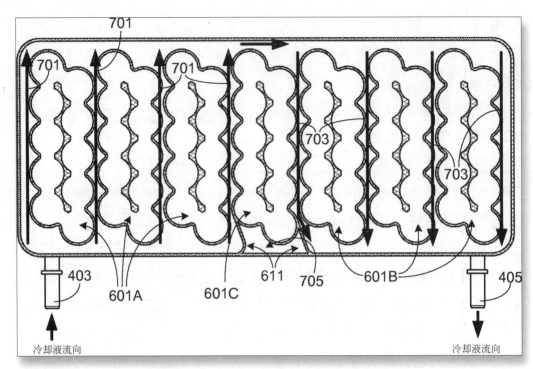

图 6-10-3　特斯拉蓄电池冷却技术专利图

几毫秒内断开电池电源，保证安全。

  正是得益于电池管理系统的卓越设计，特斯拉 Model S 的电池组可以发出六七百马力的动力，其从静止加速到 100 千米/时仅需 4.4 秒，并使特斯拉 Model S 成为世界第一款真正实用的纯电动汽车。它在 2012 年 6 月上市时其续航里程即达到 483 千米，可与汽油车相媲美，并碾压当时全球最热门的电动汽车日产聆风 160 千米的续航里程。此后特斯拉电动汽车的续航里程一直是对手们追赶的目标。现在，特斯拉汽车的最长续航里程已超过 660 千米，比多数汽油车的续航里程还要长。